Histoire générale de la Guadeloupe.

Histoire générale de la Guadeloupe

De son état préhistorique à sa colonisation et son développement.

Auteurs dont les travaux ont contribué à ce livre :
Edgar La Selve
Jean F-A. de Nadaillac
Jean-Marie Pardon
Félix Longin

Editions Le Mono

Collection «*Les Pages de l'Histoire*»

Connaître le passé peut servir de guide au présent et à l'avenir.

© Le Mono, 2016

ISBN : 978-2-36659-226-9
EAN : 9782366592269

Introduction[1]

Ce nom Guadeloupe venant de l'espagnol, ne le trouvez-vous pas doux ? Comme il sonne plus agréablement à l'oreille que *Karukéra*, dénomination amérindienne par laquelle les aborigènes désignaient leur île. Colomb, qui fit quatre voyages aux Indes occidentales, la découvrit au cours du deuxième, le 4 novembre 1493. Pourquoi lui donna-t-il ce nom ? Certains géographes disent que c'est à cause de la ressemblance de ses montagnes avec la Sierra de Guadalupe, en Estrémadure; les autres en l'honneur de Notre Dame de Guadalupe, vénérée dans cette province.

Les Espagnols ne s'étaient point établis à la Guadeloupe, parce qu'ils n'y trouvaient pas de mines d'or. L'Olive et Duplessis, lieutenants de d'Enambuc, alors gouverneur de Saint-Christophe pour le compte de la Compagnie des îles d'Amérique, vinrent en prendre possession au nom de la France en 1635. Considère comme formant une île unique de 35 kilomètres sur 37, ayant un contour de 444 kilomètres et une superficie double de celle du département de la Seine, c'est à-dire 130.000 hectares environ, elle se compose, el réalité, de deux terres adjacentes, presque égales d'étendue, mais parfaitement distinctes, car elles sont séparées par la Rivière Salée, d'une largeur moyenne de 40 à 50 mètres. La terre de l'ouest, la Guadeloupe proprement dite, appelée aussi Basse-Terre, de nature volcanique, est hérissée de hautes montagnes, arrosée de rivières nombreuses, mais cultivée seulement sur les côtes. La terre de l'est, dénommée Grande-Terre pour la distinguer

---

[1] Cf les travaux de Edgar La Selve : *Les terres françaises - la Guadeloupe et ses dépendances.*

des Petites-Terres, îlots vis-à-vis de la pointe sud-est, est d'origine calcaire, basse, plate, sans bois, sans cours d'eau.

Mais qu'était la Guadeloupe à une époque encore plus lointaine ? Comment s'est fait son développement ?

- - -

Ce livre rassemble des travaux publiés il y a plusieurs décennies. Il explore l'histoire de la Guadeloupe à travers différents textes dont certains traduisent la vision de l'époque sur la colonisation et l'esclavage.

Première partie

La Guadeloupe préhistorique[2]

Il est une certaine école plus nombreuse qu'on ne le pense, pour qui les temps préhistoriques sont une invention moderne. Selon ses adeptes, jamais les hommes n'ont été les contemporains des grands mammifères disparus ; ils n'ont point été réduits pour toute arme ou pour tout outil à quelques misérables cailloux à peine épointés, aux branches arrachées à l'arbre voisin. En vain les découvertes se multiplient-elles dans toutes les régions du globe, les dénégations persistent et jamais le proverbe si connu : *Il n'est pires sourds que ceux qui ne veulent pas entendre*, n'a été mieux justifié. Sans avoir l'espérance de convaincre ces sourds volontaires, nous ne nous lasserons pas d'appeler l'attention sur les découvertes que chaque jour apporte et cela dans tous les pays du monde. Aussi bien, je ne sais pas dans la longue histoire de l'humanité de fait plus remarquable que cette similitude constante du génie de l'homme à travers le temps et à travers l'espace, similitude dont ne peuvent s'empêcher d'être frappés les observateurs même les plus superficiels. Que l'on prenne les silex taillés ou simplement éclatés provenant de la France ou de l'Espagne, de l'Algérie ou du Cap, de la Plata ou de la Californie, qu'on les mêle au hasard, je défie à l'œil le plus exercé de classer chacun d'eux selon sa provenance. Il en est de même des outils ou des armes néolithiques, des poteries plus ou moins primitives ; partout, nous voyons le même travail, partout nous reconnaissons les mêmes formes, les mêmes procédés de fabrication. Sans doute des causes durables ou des

---

[2] Par Jean F-A. de Nadaillac.

causes accidentelles ont retardé ou avancé dans chaque région le développement de notre race ; l'influence du climat, la puissance de la végétation, le voisinage de la mer, la présence à la surface du sol de silex ou de roches métamorphiques susceptibles d'un poli plus ou moins brillant, l'absence de terre à poterie, d'autres causes matérielles ont joué un rôle plus ou moins considérable ; mais comme résultat final toujours et partout les mêmes besoins ont enfanté les mêmes moyens de les satisfaire.

Ces réflexions nous sont suggérées par la belle collection recueillie par M. Guesde dans les Antilles et plus spécialement à la Guadeloupe De nombreuses photographies, d'excellentes aquarelles offertes au Musée du Trocadéro, permettent à ceux qui ne l'ont pas vue, de se rendre un compte assez exact non seulement de l'importance de la collection, mais aussi, ce qui est plus intéressant, du passé de ces populations encore si peu connues.

Les Antilles dans les temps précolombiens étaient peuplées par deux races distinctes. Les habitants des grandes Antilles et ceux des îles Lucaye ou Bahama étaient d'un caractère timide et pacifique ; en moins de dix ans, ils furent à peu près exterminés par les Espagnols. Les petites Antilles au contraire étaient habitées par les Caraïbes ou Caribes qui s'étaient rendus singulièrement redoutables à leurs voisins par leur humeur guerrière et leur férocité. Selon les relations du temps, ils étaient anthropophages ; mais il ne faut pas oublier que c'est là une accusation lancée par des vainqueurs qui avaient à faire excuser leur propre cruauté. On les dépeint comme une belle et forte race, à la haute stature, à la face longue, aux yeux légèrement obliques, au nez busqué, à la peau d'un brun rougeâtre. Christophe Colomb dit qu'ils avaient le front haut, la tête bien placée. Ils portaient les cheveux longs, tombant durs et raides sur leurs épaules. Nous ne savons que bien peu de choses sur leur origine. Ils ont complètement disparu devant les Européens ; leurs derniers survivants à l'île Saint-Vincent, déjà dégénérées par le mélange de plus en plus commun du sang nègre, ont été déportés en masse par les Anglais sur la côte des Mosquitos en 1798.

À côté de ces déportés involontaires, on retrouve encore aujourd'hui, au dire des voyageurs, des descendants de cette race remarquable dans le Nicaragua, dans les Guyanes, sur plusieurs points du bassin de l'Orénoque. Ils sont connus sous des noms différents, qui étaient sans doute ceux de leurs tribus primitives, les Galinis de la Guyane, les Calinas du Haut Orénoque par exemple.

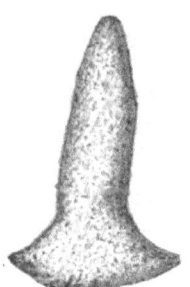

FIG. 1. – 1/3 GR.
Objet en marbre blanc veiné de bleu, trouvé à Sainte-Anne (Guadeloupe).

C'est sans doute aux ancêtres de ces Caraïbes que l'on doit les reliques qui ont été très remarquées à l'Exposition internationale de 1867 et qui sont devenues le point de départ de la collection de M. Guesde. Les pièces qui forment cette collection ont été trouvées dans les Grandes et dans les Petites Antilles. Si elles proviennent pour la plupart de la Guadeloupe, il en est qui ont été recueillies à la Dominique, à la Martinique, à Sainte-Lucie, à Porto-Rico, à Saint-Domingue. Partout les types sont semblables, et la seule remarque à faire, c'est que les haches, très nombreuses dans les petites Antilles, le sont beaucoup moins dans les grandes.

À la Guadeloupe notamment, les haches et les couteaux se rencontraient jadis fréquemment ; les recherches multipliées les ont rendus plus rares. Les roches métamorphiques très abondantes dans l'île ont fourni la matière d'où ces armes et ces outils ont été tirés. Récemment M. Guesde a déterré, dans un champ resté en friche depuis soixante ou quatre-vingts ans, des couteaux en silex. Ce fait irait à l'encontre de l'opinion générale sur la non-existence du silex dans les Antilles ; mais rien ne prouve que ces silex ne viennent pas des régions voisines. Il est certain que l'on trouve fréquemment dans ces îles des objets en jade, en jadéite, en marbre (fig. 1), évidemment de provenance étrangère, car aucun gisement n'est connu dans les Antilles. Il faut donc, dès ces temps reculés, admettre des rapports de commerce et d'échange non seulement entre les îles des divers groupes, mais encore entre celles-ci et le continent voisin.

Le travail de ces armes ou de ces outils est en général très remarquable ; c'est au moyen du frottement contre d'autres pierres que l'on parvenait à les façonner. La découverte de plusieurs petits polissoirs dont l'usure atteste le long service ne peut laisser de doutes à cet égard.

Fig. 2. – 1/2 Gr.
Hache en roche noire. Cette hache se rencontre fréquemment dans les Antilles.

On recueille à la Guadeloupe à toutes les altitudes, sur les côtes comme dans l'intérieur des terres, des objets fabriqués par l'homme. Les uns sont extrêmement petits, on les croirait destinés à une race de nains ; d'autres au contraire sont d'une grande dimension et n'ont pu servir qu'à des hommes d'une force exceptionnelle. Quelques-uns par la grossièreté du travail semblent indiquer une industrie naissante, d'autres sont comparables aux plus belles haches danoises et sont polies avec un art que l'on ne saurait surpasser ; il est certain qu'il a fallu à l'homme un long temps et de nombreux tâtonnements pour arriver à une semblable perfection.

Les haches présentent toutes les formes imaginables : elles sont tantôt longues et étroites (fig. 2), tantôt larges et plates (fig. 3). Quelques-unes, d'une extrême petitesse, n'ont pu servir que de jouet ou d'ornement ; d'autres sont très lourdes et M. Guesde en mentionne du poids de 4750 et de 4775 grammes. Le tranchant est souvent très fin, et nombre d'entre elles n'ont jamais dû servir ; d'autres fois, il est complètement émoussé. Ces haches sont rarement percées (fig. 4) ; elles sont en général munies d'une tête quelquefois ronde, quelquefois plate, séparée du tranchant par une gorge ou une cannelure plus ou moins profonde, plus ou moins régulière (fig. 5 et 6). Cette gorge permettait d'assujettir plus facilement l'arme à un manche au moyen d'une cordelette tirée soit du cotonnier, soit des graminées qui poussent en abondance dans ces îles. La gorge est généralement rapprochée de la tête ; on en voit cependant où elle est placée vers le milieu, permettant ainsi de frapper des deux côtés (fig. 7).

Les *celts* sont bien plus rares à la Guadeloupe que les haches ; ils sont généralement en serpentine, en jade, en jadéite ; on en voit aussi provenant d'une coquille, le *Strombus gigas*, très commun dans la mer des Antilles, et à qui la fossilisation donne la dureté et le poli de l'ivoire. On rapporte que les Caraïbes faisaient une profonde incision dans une branche d'arbre en pleine sève et y plantaient la pierre qu'ils venaient de tailler ; ils obtenaient ainsi avec le temps une arme indestructible. Mais ce procédé était fort long et ne pouvait toujours être employé. Les celts devaient donc être attachés comme les haches à des manches en bois, au moyen de filaments végétaux. C'est le mode employé aujourd'hui encore par les Canaques et par d'autres sauvages peu familiarisés avec l'emploi des métaux.

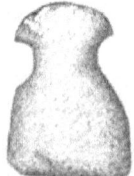

Fig. 3. – 1/3 Gr.
Hache en pierre de couleur très foncée.

Fig. 4. – 1/3 Gr.

Fig. 6. – 1/3 Gr.
Hache à double tranchant.

Fig. 5. – 1/3 Gr.
Hache de la Guadeloupe.

Fig. 7. – 1/3 Gr.
Hache à double tranchant.

Mentionnons aussi les casse-têtes, simples pierres de forme ronde, presque toujours très lourdes, percées d'un trou central où s'adaptait le manche ; maniés avec force, ils devenaient une arme des plus redoutables. On en a recueilli qui ne sont ni percés, ni disposés en aucune façon pour recevoir un manche ; le guerrier ne pouvait s'en servir qu'en les tenant à la main dans un combat corps à corps. Leur forme dans ce cas était choisie de manière à les saisir avec plus de facilité.

On peut encore citer parmi les outils, qu'il est souvent presque impossible de distinguer des armes, des poinçons toujours assez rares et des ciseaux que l'on rencontre au contraire en grand nombre. Leur tranchant est très affilé et quelques-uns sont polis avec autant de soin que les celts ou les haches.

Les Caraïbes employaient des pierres plates creusées au milieu et des pilons ou des broyeurs de pierre (fig. 8) pour écraser les grains qui servaient à leur nourriture. Les pilons rappellent par leur forme ceux que l'on recueille en si grand nombre en Californie et sur toutes les côtes occidentales de l'Amérique du Nord.

Fig. 8. – 1/4 Gr.
Pierre à broyer ou à concasser.

Un des mortiers trouvés à Puerto-Rico imite une chauve-souris ; ceux qui ont étudié la poterie mexicaine ou péruvienne se rappelleront les formes végétales ou animales données par les potiers aux vases qu'ils façonnaient. Mais dans les Antilles, l'argile faisant défaut, il fallait utiliser la pierre et en tirer au prix d'un travail long et minutieux les vases indispensables.

La collection Guesde renferme deux plats : dans l'un, la surface interne seule est travaillée ; dans l'autre, de forme ovale irrégulière, les deux surfaces sont également polies.

C'était aussi la pierre qui servait à ces hommes pour la pêche, un de leurs principaux moyens de subsistance. On a trouvé un harpon malheureusement brisé et des hameçons de diverses formes que l'on suspendait à des fils de coton pour les lancer dans l'eau.

Les Caraïbes savaient aussi utiliser le bois. L'ouvrier choisissait avec intelligence le bois qui offrait le plus de résistance pour en fabriquer les objets dont il avait besoin. Nous citerons des vases d'une exécution assez grossière, une petite tasse que l'on ne saurait mieux comparer qu'à une de nos cuillers à potage dont on aurait brisé le manche, une petite tortue enfin très bien imitée qui a été trouvée dans l'île Saint-Vincent et dont il est difficile de dire la véritable destination.

Comme toutes les races sauvages, les premiers habitants de la Guadeloupe affectionnaient singulièrement les ornements.

FIG. 9. – G. N.

Leurs formes en sont souvent fort originales ; nous citerons notamment les lourds disques ou boutons qu'ils portaient aux oreilles (fig. 9). Telle était aussi la coutume des Mexicains et des Péruviens, coutume qui persista longtemps après l'arrivée des Conquistadores.

Il y a là un point de ressemblance de plus entre les insulaires et les habitants du continent. De nombreuses petites haches ou celts percés d'un trou de suspension dont le diamètre dépassait à peine 1 pouce, devaient être à la fois des ornements et des amulettes. De tout temps, la hache, sans doute, comme emblème de la force, a été entourée d'un respect superstitieux. M. de Baye l'a trouvée sculptée sur les cavernes de la Marne qui remontent à l'époque néolithique. Sir A. Layard cite sur un des bas-reliefs du palais de Nemrod un dieu portant une hache. M. de Longperier a publié la description d'un cylindre chaldéen ; un prêtre était figuré présentant une offrande à une hache posée sur un trône. Dans le système hiéroglyphique des Égyptiens, le mot *Nouter (dieu)* est traduit par un signe que l'on peut croire une hache.

La hache d'Odin est sculptée sur les rochers de Kivrik et sur les mégalithes de la Bretagne, et les Romains la gravaient sur leurs sépultures comme un signe protecteur. N'est-il pas intéressant de retrouver la même superstition chez des hommes séparés de nos régions par des milliers de lieues et par des mers orageuses !

On classe aussi parmi les amulettes de nombreux petits croissants en bois percés comme les haches et qui ne pouvaient guère servir à un autre usage. Un objet plus curieux encore est un *maboya* (l'esprit du mal) taillé dans un petit bloc de carbonate de chaux cristallisé. Les jambes et les bras sont croisés ; l'organe viril, de dimensions considérables, est représenté en état d'érection ; les épaules sont percées de trous de suspension. Cette idole pouvait donc être portée par celui qu'elle devait protéger.

FIG. 10. Idole en terre cuite.

Comme tout ce qui a trait aux croyances de l'homme, les idoles donnent lieu à une étude intéressante. Il en a été recueilli plusieurs en pierre et en bois, tant à la Guadeloupe que dans les autres Antilles.

Une des premières en roche volcanique de couleur brune, de près de 1 mètre de hauteur, représente un homme étendu sur le dos ; les bras repliés sur la poitrine sont d'une longueur exagérée, les yeux et la bouche sont archaïques, la tête est couverte d'une calotte, les oreilles sont distendues par de lourds ornements, les organes sexuels sont très proéminents. Bien que l'exécution soit très grossière, cette figure, à raison de ses dimensions, a dû être pour l'ouvrier l'objet d'un long et difficile travail.

Fig. 11. – 1/10 GR.
Figure humaine sculptée sur un seul morceau de bois.

Une idole trouvée à Matouba montre accolées une figure humaine et une figure d'apparence simienne (fig. 10). Aurions-nous là un argument en faveur de notre ancêtre commun, et Darwin aurait-il eu des précurseurs chez d'humbles sauvages ? Cette idole est en terre cuite, d'importation probablement étrangère, car nous avons vu que la poterie était inconnue des Caraïbes. Son exécution grossière rappelle les grandes figures de pierre qui ont été trouvées sur plusieurs points de l'Amérique centrale.

Fig. 12. – 1/10 gr.
Figures en bois.

Il faut sans doute aussi classer parmi les idoles les singulières figures en bois que nous reproduisons.

Une d'elles (fig. 11), d'une hauteur de 1,08 mètre est remarquable par les grands disques fixés dans ses oreilles et par les bandelettes ou bracelets qui serrent la partie supérieure du bras. Une autre pièce haute de 0,78 mètre (fig.12) représente deux hommes assis sous un dais ou un parasol. Le dos du siège est couvert d'ornements, cercles concentriques ou spirales. Les hommes portent des bonnets brodés qui rappellent singulièrement ceux des Indiens qui habitaient le grand bassin central des États-Unis. Des bandes de coton serrent fortement les jambes à la naissance du mollet. Irving rapporte que le 10 novembre 1493, Colomb eut à combattre les indigènes de l'île Santa-Cruz. Ceux-ci furent défaits et se retirèrent laissant plusieurs des leurs sur le terrain. Leurs cheveux, raconte le grand navigateur, étaient longs et durs, leurs yeux peints, ce qui ajoutait à la férocité de leurs physionomies, et leurs bras et leurs jambes fortement comprimés par des bandelettes de coton, étaient démesurément enflées. Les figures que nous donnons reproduisent cette dernière disposition ; elles ne seraient donc pas antérieures de beaucoup à la venue des Espagnols, ou ce qui est encore possible, la mode de serrer les bras et les jambes par des bandelettes aurait duré de longs temps.

Dès les époques les plus reculées, l'homme n'avait pas craint de se lancer sur les rivières, puis sur les flots autrement redoutables de la mer.

> *Illi robur et æs triplex*
> *Circa pectus erat qui fragilem truci*
> *Commisit pelago ratem*
> *Primus…*

Le poète latin a raison, on doit être plein d'admiration pour les hommes qui les premiers ont osé affronter les vents et la tempête, qui ont su allier à l'intelligence qui crée, le courage qui entreprend et la force qui exécute. Les plus anciens bateaux furent de gros troncs d'arbres grossièrement équarris probablement à l'aide du feu, puis creusés avec les misérables silex que nous foulons aux pieds. Ils étaient dirigés au moyen de longues perches, plus tard avec des bois plats qui battaient plus facilement l'eau ; plus tard encore, on croit reconnaître les traces d'un gouvernail et d'une nature qui prouverait l'usage d'une voile. Ces frêles embarcations tenaient la pleine mer ; on trouve dans les plus anciens *kjökkenmöddings* de la Scandinavie des fragments osseux de la morue, du hareng, du carrelet, qui vivent toujours au large. On recueille dans les îles de la Grèce, en Sardaigne, en Corse, dans l'île d'Elbe, des silex apportés de loin. Les nombreux habitants qui dès les temps les plus reculés peuplaient ces îles et taillaient ces silex n'avaient pu y aborder que par mer. La navigation leur était donc connue.

La découverte sur des points bien différents de barques enfouies depuis des siècles apporterait, s'il en était besoin, une preuve plus péremptoire encore. Le musée de Copenhague possède trois de ces barques ; la plus ancienne est un demi-tronc d'arbre de 2 mètres seulement de longueur, excavé en forme d'auge et coupé droit à ses deux extrémités. Le Dr Gross cite un canot creusé dans un chêne et retiré du lac de Bienne ; l'arrière est carré, l'avant armé d'un prolongement qui devait former une sorte d'éperon. Sa longueur est de 955 mètres; sur les parois, on avait pris soin de ménager des petites coches arrondies pour appuyer les rames.

Plus récemment des fouilles ont mis au jour en Suisse un autre canot à 4.000 pieds au-dessus du niveau de la mer, à 3.000 pieds au-dessus de la vallée du Rhône, sans qu'aucune conjecture puisse expliquer comment il a été porté à une semblable hauteur.

M. Schaafhausen signalait au congrès préhistorique de Stockholm une barque provenant de l'ancien lit du Rhin auprès de Bonn, à une lieue environ du lit actuel du fleuve. Cette barque, d'une forme et d'une construction bien primitives, était simplement excavée dans un tronc de chêne.

En 1862, on retirait du Rhône, à Cordon (Ain), une pirogue enfouie dans une épaisse couche de vase. Sa longueur est de 11,80 mètres, sa largeur de 0,94 mètre, sa hauteur de 0,64 mètre. Le bois est noir, les couches superficielles sont entièrement décomposées ; mais les parties centrales sont restées intactes et encore très résistantes. Les trous percés dans le bordage paraissent uniformément répartis. Ils ont dû servir à fixer les rames et les rameurs assis au fond de la pirogue pouvaient les manier avec facilité.

Les îles Britanniques, déjà peuplées probablement avant leur séparation finale du continent, n'avaient pu depuis ce moment recevoir de nouveaux habitants que par mer. Aussi des découvertes que chaque jour multiplie en Angleterre, en Écosse, en Irlande, prouvent l'existence de la navigation dès l'âge de pierre. Pour ne citer que ce seul exemple, on signalait, il y a quelques mois, à Brigg (Lincolnshire), à quelques mètres de la rivière Ancholme qui se jette dans le Humber, une barque creusée dans un chêne et mesurant 15 mètres de longueur, sur 1,50 mètre de largeur et 1,20 mètre de hauteur. La proue est arrondie et la poupe taillée en chanfrein. On ne remarque aucune trace de mâture, ni aucune disposition pour appuyer des rames.

Nous nous sommes étendus à dessein sur ces faits ; il est curieux de les rapprocher de ceux absolument analogues qui se passaient probablement aux mêmes époques dans les îles de la mer des Antilles. Là aussi les insulaires avaient éprouvé le désir de communiquer avec les îles voisines, avec le continent où leurs plus anciennes traditions plaçaient le berceau de leur race. Ces hommes avaient abattu les plus grands arbres ; ils les avaient lentement creusés à l'aide des outils primitifs, semblables à ceux de leurs contemporains du vieux monde. Ils avaient lancé ces troncs informes sur la mer, un jour où les flots étaient calmes ; ils les avaient guidés comme ils avaient pu, certainement à l'aide des moyens les plus rudimentaires. Peu à peu, le progrès s'était fait, et les Caraïbes au moment de leurs premiers rapports avec les Européens possédaient deux sortes de barques creusées les unes et les autres dans un arbre, les *canonia* mesurant 40 et 50 pieds de longueur sur 7 à 8 de largeur et les *coulialas* dont les dimensions étaient bien plus faibles.

Le musée national de Washington possède deux de ces barques provenant des Antilles et remontant l'une et l'autre à une haute antiquité ; toutes les deux sont grossièrement excavées dans le tronc d'un *Thuya gigantea*. La première n'a pas moins de 60 pieds de longueur, l'autre n'atteint guère plus de 12 pieds.

Un des traits les plus saillants des anciennes populations américaines sont les peintures, les sculptures, les gravures qui se rencontrent en si grand nombre dans les deux Amériques, sur les rochers, sur les boulders, partout où une surface plane se présentait à l'artiste.

On trouve ces pictographies (tel est le nom qui leur a été donné), dans les immenses solitudes du Nouveau-Mexique, du Colorado, de l'Arizona, comme dans le Guatemala et le Nicaragua, sur les hauts sommets des Cordillères de la Bolivie comme dans les plaines de la Guyane, au Brésil comme dans les vastes territoires de la République Argentine. Tantôt ce sont des hommes, des animaux, des scènes complètes de guerre ou de migrations, tantôt de véritables inscriptions dont le sens nous échappe et nous échappera peut-être toujours. D'autres fois, ce sont des cupules, des cercles, des spirales, des dessins informes inspirés par le seul caprice de l'artiste. Souvent ces pictographies sont placées à des hauteurs inaccessibles, au sommet de précipices dangereux, et le voyageur se demande avec anxiété comment des hommes ont pu arriver jusque-là, comment ils ont pu travailler dans une semblable position ?

Fig. 13.
Rocher trouvé à la Guadeloupe.

Ces mêmes pictographies se rencontrent dans toutes les Antilles ; à la Guadeloupe notamment, on voit des rochers chargés de figures ou de dessins sur les bords de la mer et dans l'intérieur des terres. Souvent ces dessins sont à des altitudes variant de 200 à 900 mètres, d'autres fois quand les eaux sont basses, les fouilles les font sortir du lit même des rivières. Ces sculptures se rencontrent surtout à Saint-Vincent, le dernier refuge des Caraïbes si longtemps les maîtres des petites Antilles. Nous reproduisons une de ces pictographies (fig. 13), sculptée sur un bloc erratique du poids de plusieurs tonnes. Il vient de la Guadeloupe, et tout autour il a été relevé de nombreuses gravures sur roche. Aucune ne semble présenter de signification probable, dans tous les cas aucune signification que nous puissions interpréter.

Notre tâche est terminée ; l'homme de la Guadeloupe appartient à un des nombreux rameaux de la race américaine. Son peuple a été puissant et conquérant ; sa domination s'est étendue sur plusieurs des petites Antilles, peut-être même sur quelques parties du continent de l'Amérique du Nord. Puis les blancs sont arrivés ; la race inférieure a dû céder la place à une race supérieure. C'est par l'élimination des faibles que le progrès s'affirme. Telle est la loi de l'humanité, elle est écrite en lettres de sang dans la vieille histoire de nos pères ; nos descendants auront sans doute un jour à la lire dans notre propre histoire.

Fig. 14. – 1/2 G. N.
Char votif en bronze de Cortona.

Deuxième partie

L'île de la Guadeloupe : de sa découverte à nos jours[3]

I

Les commencements furent très difficiles; on vit des hommes mourir de faim et de misère sur un sol qui ne demandait qu'à produire.

La guerre s'introduisant là où il fallait la paix et la sécurité pour se livrer aux travaux de culture; puis vinrent des temps meilleurs provenant d'une bonne direction donnée aux forces humaines par de vrais colonisateurs. Ce qui prouve qu'un travail intelligent est nécessaire pour amener la prospérité dans un pays qui commence à se former, aussi bien que dans celui qui possède une civilisation avancée; qu'il faut à sa tête des hommes qui réunissent la capacité à la bonne volonté pour le diriger vers le progrès par le travail, l'ordre et la sécurité. C'est au moyen de ces principes que s'est formée la grandeur du colosse Anglo-Hindoustan, qui comprend de vastes et riches contrées avec une population immense ; c'est aussi par eux que l'on a vu s'introduire dans notre maigre service colonial des améliorations utiles et nécessaires.

On peut citer à bon droit des noms tels que : Dénambuc, Duparquet, de Poincy, Donzelor, Makau, dans les Antilles ; Labourdonnaie et Dupleix dans les Indes, et de nos jours le général Faidherbe dans la Sénégambie.

L'île de la Guadeloupe est située à 120 Kilomètres au nord de la Martinique et par 16 degrés 25 minutes de

---

[3] Par Jean-Marie Pardon.

latitude et 64 degrés 25 minutes de longitude ouest du méridien de Paris. Elle est divisée en deux parties par la rivière Salée dont les extrémités aboutissent à la mer. La première s'appelle Basse-Terre, du nom du chef-lieu qui est le centre du commandement et d'administration.

Au milieu se trouve une chaîne de montagnes volcaniques dans laquelle on distingue la soufrière s'élevant à l'altitude de 1557 mètres. Cette montagne jette constamment de la fumée de son sein, des éruptions ont lieu assez souvent; l'accès en est difficile à cause des pentes abruptes qui sont couvertes de bois, de rochers, de végétations sauvages.

La deuxième partie s'appelle la Grande-Terre; c'est un pays plat d'une forme triangulaire, d'une culture facile et productive. C'est dans cette partie que se trouve la Pointe-à-Pitre, ville importante par le nombre de ses habitants, son port et son commerce.

Après la Guadeloupe viennent ses dépendances :

1° Marie-Galante, à 34 kilomètres de distance sud; sa forme est circulaire ; elle a une population de 12,000 habitants, et une petite ville appelée le Grand-Bourg ;

2° La Désirade est à 12 kilomètres ; elle est d'une forme longue et étroite; elle a 14 kilomètres de longueur et 3 de largeur ; sa population est de 1,800 habitants;

3° Les Saintes, composées de deux petites îles et de deux îlots, à 17 kilomètres de la Guadeloupe; il y a bonne rade à l'abri des vents, des casernes pour une garnison et des fortifications pour se défendre.

(Ces petites îles contiennent 1,200 habitants);

4° Saint-Martin. Cette île appartient en partie aux Français et aux Hollandais depuis 1648. La partie nord-est à la France ; sa distance est de 180 kilomètres, sa circonférence de 72 kilomètres, elle n'a ni port ni rivières, mais elle possède des salines, produit du rhum et du tabac. Le chef-lieu se nomme le Marigot ;

5° Saint-Barthélemy. Cette île a été colonisée par les Français qui la cédèrent aux Suédois en 1784; ceux-ci nous la rendirent en 1878 moyennant une indemnité de 400 mille francs. Elle a 72 kilomètres de tour, elle a 3,000 habitants, un port excellent, mais des côtes dangereuses ; son chef-lieu s'appelle Gustavia.

La Guadeloupe et ses dépendances sont divisées en trois arrondissements, savoir : la Basse-Terre, la Pointe-à-Pitre et Marie Galante. Elle a ses tribunaux, une cour d'appel, un conseil colonial et un évêché.

Après ces détails topographiques, on va donner quelques détails sur les deux principales villes de la Guadeloupe.

Le port de la Basse-Terre est le chef-lieu de la colonie, la résidence du gouverneur, le centre des affaires administratives ; sa rade est ouverte à fous les vents, et quand la saison de l'hivernage arrive, les navires sont forcés de chercher un abri aux Saintes contre les raz de marée et les ouragans qui se font sentir dans celte saison. Celte ville n'a point de fortifications, elle est seulement protégée par le fort Richepanse et quelques batteries qui battent la rade.

La population de la ville est un mélange de blancs, de mulâtres, de quarterons et de noirs évaluée à 10.000 habitants, logeant dans des maisons de pierres, de bois et des cases. Les rues sont larges et tracées à angles droits, propres et bien tenues.

On y remarque l'hôtel du gouvernement, le palais de justice, l'hôpital et les églises paroissiales. Il y a une belle promenade bordée de tamarins et une place appelée Champ-d'Arbaud.

La ville est entourée de charmantes collines offrant à l'œil un aspect agréable ; elles sont couvertes de maisons, de culture et de bois. Là, le terrain est ombragé par des cocotiers, des tamarins touffus, des palmiers qui balancent agréablement leurs têtes, des orangers aux pommes d'or et les haies sont garnies de fleurs aux couleurs vives ; on y voit aussi voltiger des colibris, des oiseaux mouches ravissants par leurs mille couleurs scintillantes. Dans ce pays du soleil, la nature est toujours en travail : sur un arbre vous trouverez des fleurs, des fruits et d'autres tombés au pied, il en est de même du feuillage. Le paysage grandiose est toujours le même quelle que soit la saison ; il n'y a point d'hiver, point de climats qui attristent l'homme: tout est gai, riant et ravissant dans ce pays.

Maintenant, passons à la description de la Grande-Terre qui est la partie la plus importante de notre colonie, à cause de la beauté do ses plaines, de leur production et de la richesse du sol ; mais ce qui ajoute encore aux avantages de cette partie, c'est la beauté et la sûreté du port de la Pointe-à-Pitre, situé dans une bonne et grande rade. Cette ville est le centre des affaires commerciales, l'entrepôt des marchandises à destination de l'Europe et pour celles qui en viennent. Elle est d'origine récente, son emplacement était occupé jadis par un pécheur de ce nom. Fondée en 1763, elle a été incendiée et bouleversée plusieurs fois par des tremblements de terre, puis reconstruite récemment après l'épouvantable catastrophe de 1843. Comme toute ville, elle a ses inconvénients ; elle manque d'eau douce ; ses environs comprennent des marais malsains produisant des fièvres pendant la saison de l'hivernage ; mais sa position au centre de l'île, la sûreté et la commodité de sa rade et de son port lui assurent un rang supérieur parmi les villes commerciales des Antilles. La population se compose, comme celle de la Basse-Terre, de blancs et de gens de couleur ; elle est évaluée à 16,000 habitants.

Les terres de la Guadeloupe sont favorables à la culture de la canne à sucre, qui est son principal produit, du cacao, du coton, du tabac, des plantes alimentaires et des fruits des tropiques. Les terres cultivées s'élèvent à une surface évaluée à 15,000 hectares. Mais ce qui fait surtout la richesse du pays, c'est la canne à sucre : on voit ce magnifique roseau se balancer mollement par l'effet de la brise et présentant des ondulations semblables aux Ilots de la mer doucement agitée. Les collines couvertes de caféiers ont bien aussi leurs charmes en présentant leurs feuillages verts par opposition à la vive lumière du soleil ; et si vous quittez cet aspect pour un champ de cotonnier, vos yeux sont agréablement surpris de voir se balancer mollement sur leurs tiges vertes des houppes blanches comme la neige. Tous ces flocons blancs obéissent aux caprices du vent qui les tourmente dans sa course légère sans les endommager.

Depuis l'introduction de la charrue on obtient une augmentation de produit de la canne qui compense en partie le manque de bras par suite de l'affranchissement des nègres. On se trouve bien de l'emploi des engrais et des amendements pour améliorer le sol. En général, les exploitations agricoles des Antilles sont en progrès par l'introduction de moulins à vapeur pour les sucreries, et le perfectionnement des moulins à eau et à vent.

Le sol de la Basse-Terre doit sa fécondité à la chaleur et à l'abondance des eaux ; il est composé d'humus provenant de détritus des végétaux et de matières volcaniques. Celui de la Grande-Terre diffère du précédent, c'est une terre forte, grasse, reposant sur une base calcaire ; ces éléments de terroir étant bien cultivé produisent une grande fertilité.

Les forêts sont considérables, la végétation étant très-active les pieds des arbres se disputent le terrain, les lianes sarmenteuses relient ces végétaux entre eux ; c'est un fouillis indescriptible. On y voit: le gayac, le sandal, l'acajou, l'acacia, le bois de fer, le campêche, le gommier et d'autres encore. Ces forêts se trouvent principalement dans la partie montagneuse de la Guadeloupe ; il n'existe point de forêts dans la Grande-Terre, là c'est la culture qui domine.

Les rivières sont des torrents pendant la saison des pluies ; elles grossissent et parcourent leurs sinuosités avec une rapidité effrayante. Les plus remarquables sont : la Grande-Rivière aux goyaves, celle des Pères et celle des Galions qui débouche à la mer près de la ville la

Basse-Terre. Aucune de ces rivières n'est navigable ; elles portent seulement des pirogues à leur embouchure. L'eau de ces rivières est très-salubres, les navires viennent y renouveler leur provision à leur passage.

Il existe quatre sources d'eau thermale qui sont fort utiles aux gens du pays pour entretenir ou rétablir leur santé épuisée par la chaleur du climat.

Il y a aussi plusieurs sources d'eau bouillante.

Le mouvement commercial entre la France et la Guadeloupe peut s'élever à 40 millions par année, dont 24 millions d'importation en France et 16 millions d'exportation de France à la Guadeloupe. On estime à 500 navires le transport des marchandises fait entre les deux pays.

Dans les premiers mois de l'année, les vents nord-est modèrent la chaleur du jour, c'est la plus belle saison ; vers la mi-juillet vient ce qu'on appelle là bas la saison de l'hivernage ; c'est l'époque des grandes chaleurs, des tempêtes, des ouragans, des pluies abondantes ; la mer se gonfle et forme des raz de marée ; les vents sont violents avec éclairs et tonnerre. La nature entière est en mouvement et produit souvent des tremblements de terre qui causent de grandes catastrophes, comme celle de 1843. Après l'hivernage, la température devient froide par l'effet du vent du Nord, que les gens du pays appelle le vent de la mort, parce que celle saison exige des précautions pour les vêtements à porter et les sorties à faire.

Par ce qui précède, on voit qu'il y a trois saisons marquées aux Antilles : la saison fraîche, celle de l'hivernage et la saison froide. Cette division n'existe plus sous le rapport de l'humidité et de la sécheresse, puisqu'il y a quatre mois de pluies et huit mois de sécheresse On estime qu'il tombe dans une année 2,80 d'eau dans ces parages, tandis qu'à Paris il ne tomberait que 0,52. L'effet des marées est très-peu sensible sous celte latitude, il n'y a pas lieu d'en tenir compte.

La température du jour fait produire des allures très-variable au thermomètre : le matin il s'élève à 20 degrés ; à midi il marque 40 degrés, et le soir il redescend à 30 degrés pendant la saison de l'hivernage qui est la saison la plus chaude de l'année; quant à la température moyenne de l'année, elle est de 25 degrés.

Le ciel de ce magnifique pays est le plus, radieux du monde pendant la belle saison ; celui tant vanté de l'Italie, de l'Espagne au ciel bleu ne peut en donner qu'une idée imparfaite. Des nuages aux ailes légères ne flottent que passagèrement dans l'air qui est d'une transparence admirable. Le lever du soleil est précédé d'un fuseau lumineux éclatant d'or, de pourpre sur un fond d'azur qui est la nuance générale du ciel. Son coucher est plus beau encore par les effets de lumière qui se produisent dans les nuages et sur la mer. C'est un embrasement général qui reflète des rayons lumineux; et le soleil victorieux dans cette lutte suprême, se plonge ensuite dans l'espace infini sans presque laisser après lui de crépuscule ; la nuit arrive aussitôt pour s'emparer de l'espace et clore le spectacle. Tout est grandiose, tout est magnificence dans ce pays merveilleux, que Christophe Colomb appelait le paradis terrestre.

Maintenant il faut quitter les idées poétiques pour s'occuper de choses utiles à connaître, et tout à fait prosaïques, puisqu'il s'agit de l'alimentation des habitants. On sait qu'elle a pour base la cassave ou farine de manioc séchée au four, la racine de l'igname, les bananes, le poisson frais ou salé.

La viande fraîche et le pain ordinaire étant des objets de luxe qui ne sont pas à la portée de toutes les bourses.

Il existe encore dans les Antilles quelques familles d'Indiens ou Caraïbes ; ils sont reconnaissables à leur nez plat, à leur couleur basanée ; leur constitution physique annonce qu'ils sont robustes. Ils passent pour ne pas aimer le travail ; leur indolence est si grande, qu'elle les empêche de penser à l'avenir ; c'est à la Dominique et Sainte-Lucie que se trouvent ces familles de caraïbes.

La population, mélangée de blancs, de mulâtres, de quarterons et de noirs, est évaluée à 160.000 âmes.

La mortalité, contrairement à ce qui se passe en France, est en excès sur les naissances, et, d'après des observations faites à la Martinique, les naissances donnent 2.773 et la mortalité 2,86 pour 100. D'un autre côté, on évaluait en 1835 les pertes de la manière suivante, savoir : créoles, blancs et autres, 4%; et les noirs esclaves, quand il y en avait, à 17%, quant aux militaires 20%.

Les malheureux soldats étaient donc ceux qui étaient les plus maltraités par le climat ; mais, depuis cette époque, bien des améliorations ont été introduites dans leur alimentation et dans leur service, et l'on pense que ce rapport peut être réduit de moitié.

Les maladies les plus communes sont la fièvre jaune, le ténesme, la dysenterie, la syphilis, l'anémie, les maladies de peau et l'horrible éléphantiasis.

Les races sont mélangées dans les colonies : on distingue au premier plan la race blanche qui tire son origine d'Europe, celle de sang mêlé à différents degrés et la race noire africaine. Au milieu de tout ce monde, il existe une population flottante qui se renouvelle par des arrivées et des départs de navires ; elle appartient à la marine, au commerce, à l'état militaire et en général à l'ordre civil.

La race blanche possède la majeure partie des terres, des capitaux ; le commerce et l'industrie sont dans ses mains ; elle prime les gens de couleur par la différence des goûts, des habitudes et la supériorité de son instruction. Et les gens de couleur sentent bien leur, infériorité vis à vis des blancs qu'ils jalousent, tout en reconnaissant leur supériorité.

Les gens de couleur ou de sang mêlé sont l'espèce la plus vivace des colonies, elle tend à s'augmenter par le croisement des races ; la plus grande partie habite la ville pour y exercer un commerce ou une profession. Cette classe est ambitieuse, économe, rangée ; si l'on n'y prend garde, elle dominera dans l'avenir.

La race noire avant d'être libre, n'exerçait aucun droit civil ; en fait, les noirs qui parvenaient à acquérir des valeurs mobilières en avaient la jouissance ; maintenant qu'ils sont libres, ils peuvent posséder au même titre que les autres habitants.

Quel que soit son état de civilisation, le nègre restera toujours un individu incomplet à cause de son caractère particulier et ses préjugés. D'ailleurs, nos habitudes de société ne l'amuseraient pas, il lui faut ses danses avec ses semblables, sa vie retirée et un peu sauvage.

Ainsi les blancs, les gens de couleur et les noirs se séparent pour ne pas se gêner dans leurs relations habituelles.

Les Européens après un séjour de quelques années voient leur état physique changer par l'effet du climat; ils sont toujours en transpiration, même sans sortir de leurs logements. Dans ce pays toujours en feu, on ne trouve de fraîcheur que le soir et la nuit, et, à la longue, ils succomberaient à cette débilité continue, s'ils n'observaient une vie sobre et régulière.

Tout individu né dans les Antilles, de quelque couleur qu'il soit, est appelé créole, mais le blanc de race pure jouit d'une suprématie que l'éducation, la morale, la position de fortune maintiendront toujours.

C'est une espèce de noblesse que les autres classes reconnaissent et dont elles subissent l'influence.

Le créole blanc a le teint pâle, il est d'une taille élégante, mince et souple. Il a d'excellentes qualités.

L'imagination est ardente, l'esprit vif et pénétrant, mais son caractère est impétueux, énergique et violent.

Lorsqu'il a reçu une bonne éducation, il devient un homme remarquable et peut prétendre à tout. Il a de l'aptitude pour les arts d'agréments, la gymnastique, les armes, la chasse, c'est un homme au cœur élevé, bon et généreux, un ami franc et dévoué.

La femme blanche pure a un teint de lys et une grande délicatesse de traits. La douceur est répandue sur son visage qui a une expression de finesse charmante, elle a un bon caractère, elle est bonne, douce et d'un abord agréable ; sa taille est svelte, gracieuse, unie à une indolence et à un laisser-aller charmants. Familière avec ses égaux, hautaine et exigeante avec ses inférieures qui doivent la servir avec zèle et empressement.

Au-dessous du blanc et de la femme blanche, on trouve dans les villes quantités de personnes des deux sexes d'une variété de peau si multipliée qu'on n'entreprendra pas de les décrire, mais il existe un type particulier qui a sa valeur : la mulâtresse joue un rôle marqué dans la société bigarrée de ce pays. D'ordinaire les blancs, les Européens surtout, se laisser prendre aux manières de ces filles aimables, enjouées, pleines de grâces et de charmes. Chez elles on trouve la bonté et la serviabilité. Au fond elles ont intérêt à agir ainsi et c'est presque un honneur pour elles d'avoir des rapports avec un blanc Aussi que de naissances illégitimes résultent de ces unions passagères, et l'on peut bien dire que les colonies sont des pays où fleuri la bâtardise. Malheureusement ou n'a pas l'air d'y faire attention pour chercher un remède à cet état de choses qui n'a fait qu'augmenter depuis la libération des noirs, car on trouve une naissance légitime sur deux cents illégitimes.

Ces mœurs relâchées, qui sont inhérentes au climat, au pays, qui les a créées si ce n'est le blanc, le colon et l'européen que ses affaires amènent momentanément à faire quelque séjour, et qui ne veut pas rester isolé, acceptant les services qu'on lui offre si galamment. Il ne faut donc s'en prendre qu'à nous-mêmes de cette situation que les usages tolèrent, mais que la morale réprouve.

Parmi les Européens que les affaires commerciales attirent dans les îles, il y a encore un type particulier, le pacotilleur qui fait le trajet de France avec des marchandises confectionnées, telles que souliers, bottines, chemises, bas, mouchoirs auxquels il joint des pièces de toile et de drap. Ces petits commerçants vont ordinairement de foire en foire, de ville en village, offrir leurs marchandises. Il y en a qui sont assez heureux pour réussir à faire une petite fortune dans ce petit commerce.

A côté du pacotilleur, on voit ce qu'on appelle le petit blanc ; c'est un individu sans position ni ressources connues, vivant de petits moyens commandeur aujourd'hui sur une habitation matelot demain, pêcheur au besoin, corsaire quand il peut et courant après la fortune qui le fuit toujours tel est ce dernier type dans les Antilles.

En résumé, nous venons de prendre connaissance de l'aspect physique de ce pays, de ses habitants, de leur caractère, de la température et des maladies inhérentes au climat. Maintenant, on va parler de la découverte de cette île, de la colonisation et de son développement.

II

La partie historique de cette île offre beaucoup d'intérêt à divers point de vue par la marche accidentée de la civilisation et de la colonisation ; les races d'hommes qui s'y sont fixées ; les guerres intestines et étrangères qui s'y sont faites ; les rapports qui se sont établis avec la métropole et les autres colonies. Enfin les progrès qui ont été réalisés depuis les premiers établissements jusqu'à nos jours.

Pour plus de clarté et de précision on a suivi l'ordre chronologique dans la description. En histoire les événements se rapportent toujours à une époque, à une date, celle-ci est donc la compagne de l'autre.

1493. Cette terre fut découverte par Christophe Colomb dans son second voyage en Amérique, le 4 novembre 1493. En la côtoyant, il aperçut des villages composés de cabanes avec des rassemblements de naturels en grand nombre, qui paraissaient fort étonnés de voir au large une si grande pirogue que le navire espagnol, ils conçurent une grande crainte en le voyant s'approcher de la côte. Pour savoir à qui l'on avait affaire, Colomb ordonne un débarquement : les naturels se mirent à fuir dans les bois à l'approche de ces nouveaux, venus. Alors les matelots entrant dans une cabine, y trouvent des femmes avec des garçons esclaves venant d'une autre île. A l'entrée de cette cabane il y avait deux statues en bois grossièrement taillées avec des serpents entourant les pieds. Dans l'intérieur des espèces de métiers à tisser du coton ; il y avait des ustensiles en terre, de la chair humaine, des restes de viande et un amas d'os humains. Une tête de jeune homme était là encore sanglante et attachée à un poteau ; il y avait aussi des crânes humains disposés pour servir de coupe. D'après toutes ces horreurs, on vit qu'on avait affaire à de vrais cannibales, et l'expédition s'empressa de retourner à bord pour rendre compte de ce qu'elle avait vu et des impressions produites par l'aspect du spectacle qui avait frappé l'imagination des espagnols étonnés. Colomb se contenta de cette première reconnaissance et fit lever l'ancre pour se rendre à Cuba.

1496. Trois ans après cette visite à la Guadeloupe, Colomb revint aux petites Antilles, il s'arrêta à Marie-Galante dont l'aspect lui plu et d'où l'on voyait la Guadeloupe et plusieurs autres îles. Le lendemain matin on aperçu sur le rivage un grand nombre de femmes armées d'arcs et de flèches, faisant mine de s'opposer au débarquement. La mer était grosse et ne permettait pas de faire usage des embarcations. Alors Colomb ordonna à deux indiens qu'il avait à bord de se mettre à la nage pour dire à ces femmes qu'il ne voulait faire aucun mal et qu'il demandait seulement des vivres frais. En réponse à cette demande, elles dirent aux deux indiens d'engager les Espagnols à passer de l'autre côté de l'île où se trouvaient leurs maris. Le navire de Colomb se rendit donc à l'endroit désigné où en débarquant il fut reçu à coups de flèches par les insulaires auxquels on répondit par des coups d'arquebuses qui en blessèrent quelques-uns ; en voyant qu'ils n'étaient pas capables de lutter contre de pareils hommes, ils s'enfuirent dans les montagnes. Les Espagnols trouvèrent dans l'île des perroquets, du miel, de la cire et de la farine de manioc dont ils avaient un grand besoin.

Voulant se renseigner sur cette île où il débarquait pour la première fois, Colomb envoya une reconnaissance de 40 hommes pour pénétrer dans l'intérieur afin d'en connaître les dispositions. Après quelques heures d'absence, le détachement revient à bord ramenant quarante femmes et trois garçons ; toutes ces femmes avaient suivi les Espagnols sans manifester aucune résistance ni aucune crainte.

Colomb après les avoir examiné, leur fit des présents, puis les renvoya à terre. La femme qui tenait le premier rang, parmi les autres, s'offrit à rester à bord du bâtiment avec l'une de ses filles, mais Colomb refusa une offre aussi galante.

Quelques jours après cette aventure, il quitta cette île à laquelle il donna le nom de Marie-Galante en souvenir de son navire qui portait ce nom, et peut-être aussi en souvenir des offres aimables qui lui furent faites par les femmes indiennes.

1515. Pendant 19 ans, on s'occupa peu, en Europe, des petites Antilles, l'esprit de l'époque était porté principalement sur le Mexique, le Pérou et le Chili aux mines d'or, et vers lesquels s'élançaient les aventuriers de tous les pays.

Ce ne fut que vers 1515 qu'on commença, en Espagne, à penser aux petites Antilles et à la possibilité de les coloniser. A cet effet, on organisa une expédition composée de trois navires commandés par Ponce de Léon, qui devait se rendre maître de la Guadeloupe et d'autres îles. Lorsque les navires furent arrivés près des côtes, Ponce de Léon fit débarquer plusieurs de ses gens pour y prendre du bois et de l'eau, et ils devaient ramener aussi des femmes pour laver le linge de l'équipage ; mais les Caraïbes, tourmentés à la vue des débarqués, observaient leurs mouvements pour les surprendre et les tuer s'il était possible; quelques-uns furent donc massacrés et les Caraïbes reprirent leurs femmes.

Quelques jours après cette triste aventure, Ponce de Léon tomba malade sérieusement et fit lever l'ancre pour se rendre à l'île de Saint-Jean, abandonnant ainsi le projet de s'établir à la Guadeloupe.

1523. Huit ans après cette tentative infructueuse, sous François Ier, une mission pour les Antilles se forma, et une partie des missionnaires fut destinée à la Guadeloupe ; ils devaient tâcher de convertir à la religion chrétienne et à la civilisation des hommes vivants dans un fétichisme grossier, sans loi et sans mœurs.

Tout d'abord ces nouveaux arrivants furent assez bien reçus, les naturels les écoulèrent et une partie commençait à se conformer à l'instruction qui leur était donnée. Mais il est rare que les hommes soient longtemps d'accord. Une opposition se forme contre les missionnaires. Ce parti, composé d'hommes violents prêts à tout faire plutôt que d'écouter la raison, finit par l'emporter. On voulait la mort de ces religieux qui venaient changer leurs idées, leur croyance et troubler leur repos. Ces pauvres gens voyant de mauvais desseins s'élever contre eux, et n'ayant aucune force à leur opposer, cherchèrent à les gagner par tous les moyens possibles ; ils leur tinrent de bonnes paroles, leur firent des présents, mais tout fut inutile, leurs jours étaient comptés, les malheureux missionnaires furent saisis et mis à mort sans pitié.

Après l'accomplissement de cette cruauté, les insulaires restèrent longtemps dans leur existence de sauvagerie, mais cette situation devait cesser par, l'effet de la colonisation de Saint-Christophe.

1625. Sous le règne de Louis XIII, le capitaine Denambuc, d'un caractère intrépide et aventureux, partit de Dieppe sur un vaisseau à lui et débarqua à Saint-Christophe, l'une des petites Antilles, pour y fonder un établissement de culture. Après les premiers travaux d'installation, il revint en France solliciter du gouvernement, dirigé par Richelieu, des lettres-patentes qui lui furent délivrées le 31 octobre 1626, pour créer une compagnie de colonisation qui prit le nom de Compagnie des îles d'Amérique avec privilège de commercer exclusivement pendant 20 ans dans les îles du Nouveau Monde. Il se rembarqua ensuite pour Saint-Christophe, mais qu'elle ne fut pas sa surprise d'y trouver d'un côté les Français et de l'autre des Anglais arrivés nouvellement.

En homme bien avisé, il prit le parti de vivre en paix en faisant un traité par lequel l'île fut partagée en deux parties, l'une pour les Français et l'autre pour les Anglais. Mais une autre circonstance désagréable se présente bientôt, des Espagnols vinrent revendiquer la possession de l'île, et comme personne ne voulait céder, on eut recours aux armes.

On se battit donc et les Espagnols furent vaincus et obligés de se rembarquer. Denambuc libre de ce côté, vit bientôt les Anglais ne plus vouloir observer le traité passé avec eux, il fallut encore une fois avoir recours aux armes pour réduire de si mauvais voisins. Dans les escarmouches qui eurent lieu, Denambuc prit de si bonnes dispositions que les Anglais furent vaincus comme les Espagnols et forcés de vivre en paix.

1635. La Guadeloupe dépendait de la Compagnie des îles formée en France par Denambuc ainsi qu'on l'a vu précédemment, lorsque les capitaines L'Olive et Duplessis lui demandèrent à passer un contrat pour former un établissement de cultivateurs dans cette île qui paraissait être un charmant oasis au milieu de la mer. Denambuc consentit à leur céder pour 10 ans, la Guadeloupe, la Dominique et Antigua.

Pour subvenir aux dépenses des établissements, les deux capitaines s'associent avec des négociants de Dieppe qui s'engagent à y faire passer 1000 travailleurs avec des vivres jusqu'à ce que l'île put produire suffisamment ce qui était nécessaire pour nourrir les nouveaux colons, et cela moyennant une redevance de vingt livres de tabac par tête de transporté et que personne ne pourrait trafiquer avec eux pendant la durée de la concession.

Ce beau projet ne put recevoir complètement son exécution, il n'arriva que 500 hommes seulement; ils étaient engagés pour trois ans qui servaient à payer leur passage. L'expédition était partie de Dieppe le 20 mai et le 27 juin elle touchait terre, le voyage avait duré seulement 38 jours, ce qui était de bon augure pour les transportés qui étaient émerveillés à la vue d'une végétation splendide inconnue en Europe. Ces colons furent installés sur le bord d'une petite rivière où dominaient l'ombre et la fraîcheur, et sous la surveillance des deux capitaines L'Olive et Duplessis.

Pour avoir un point d'appui en cas de besoin, on construisit un petit fort sur lequel on arbora le pavillon de France. Ce fut l'origine de la ville de la Basseterre qui devint le chef-lieu de l'île. Malheureusement ce beau ciel, ce beau pays éprouve les Européens par de cruelles maladies. Ainsi au bout de quelque temps par l'effet du climat et de la mauvaise nourriture, les pauvres colons se trouvèrent dans une misérable situation, qui augmentait encore par le refus des naturels de leur apporter des vivres frais ; car ils voyaient d'un œil jaloux ces nouveaux venus qui menaçaient leur liberté et leur indépendance.

Le capitaine L'Olive, d'un caractère ferme et décidé, voulait forcer les naturels à reconnaître l'autorité des blancs ; tandis que Duplessis, d'un caractère plus doux, était d'un avis contraire. Pour trancher la question, L'Olive s'embarque pour St-Christophe où résidait Denambuc dans le dessein de lui demander l'autorisation de faire la guerre aux insulaires. Pendant son absence le bon Duplessis meurt d'ennui et de chagrin. L'Olive ayant été prévenu de cette perte, revint vitement à la Guadeloupe avec l'autorisation de faire la guerre aux naturels.

Pendant la guerre, on cultivait peu ou point les terres qui devaient nourrir les hommes. La famine prévue par Duplessis arriva bientôt, et à un tel degré que ces pauvres gens étaient réduits à manger de l'herbe et à déterrer les morts pour les manger aussi.

A la suite de tant de misères, le malheureux L'Olive tomba malade et perdit la vue. Les épreuves douloureuses par lesquelles passait la colonisation influencèrent son moral au point de changer son caractère, il devint dévot.

Les Caraïbes, fatigués d'être traqués comme des bêtes fauves par les blancs, abandonnèrent l'île pour se retirer à la Dominique d'où ils faisaient de fréquentes excursions contre les Français pour les surprendre et les exterminer, lorsqu'ils pouvaient le faire. La haine, ce sentiment de l'âme qui porte au mal, était entrée dans les idées des deux races pour se nuire réciproquement.

La situation de la colonie naissante était devenue bien critique; elle se trouvait bien exposée à périr en détail à 1,600 lieues de la mère patrie par la famine, les maladies ou bien par les embûches des Caraïbes dont on avait pas su conserver l'amitié et pour avoir cherché dans la force brutale des moyens d'existence qu'ils ne devaient demander qu'à la paix et au travail.

1640. Heureusement le gouverneur Aubert arrive cette année pour prendre la direction des affaires et les remettre en meilleur état. Ce qui frappe le plus d'abord c'est le résultat de la guerre contre les insulaires et la désunion enfantée par la misère ; il est persuadé qu'en agissant autrement qu'on ne l'avait fait jusque-là, on pourrait obtenir d'autres résultats et relever la colonie tombée dans la misère par la faute de ceux qui en avait eu la direction.

Alors s'inspirant de ces idées, il se mit en rapport avec les naturels afin de leur persuader de son intention de vivre en paix avec eux ; il se mit à leur faire des présents qu'ils acceptaient avec des joies d'enfants. Par ces bons procédés, il obtint facilement la paix et la tranquillité; une confiance réciproque succéda à la défiance, à la guerre et à la ruine.

Bientôt de nouveaux colons arrivèrent dans l'île, et sous l'heureuse influence d'Aubert on se livre au travail; on organise de nouveaux centres de culture et l'on obtient des produits qui donnent l'abondance à ceux qui étaient menacés de mourir de faim. Mais tout ne marche pas dans une entreprise comme on le désire, l'homme est souvent arrêté par des difficultés imprévues.

Ainsi, vers ce temps, la police des mers était loin d'être faite par les puissances maritimes comme aujourd'hui, la piraterie était un métier très-lucratif; les corsaires couraient les mers pour piller les navires marchands qui partaient des côtes d'Amérique ou qui venaient d'Europe. Ils portaient ensuite les produits à St-Thomas, colonie danoise, pour les vendre ; et quand les navires marchands devenaient rares, ils faisaient la traite de noirs on bien ils s'abattaient sur les côtes des colonies mal défendues et enlevaient ce qui était à leur convenance.

C'est ainsi que les côtes de la Guadeloupe furent insultées plusieurs fois par ces bandits de mer qui pillaient les maisons, enlevaient les esclaves, les bestiaux et les récoltes. On se défendait aussi bien que possible, mais ils avaient soin de n'attaquer que les points faibles, éloignés des centres principaux pouvant donner de prompts secours.

Vers cette époque, le gouverneur Aubert eut une fâcheuse aventure dans laquelle plusieurs pêcheurs perdirent la vie, et où lui-même courut un grand danger; voici à quelle occasion. Pour procurer des vivres frais aux habitants, il commanda à ceux qui avaient des canots d'aller pêcher des lamantins et des tortues ? lui-même se mit dans une barque pour surveiller la pêche. Lorsqu'une tempête furieuse s'élève tout à coup et vient assaillir violemment les barques des pêcheurs ; celle qu'il monte sombre et entraîne seize hommes au fond de la mer. Aubert eu le bonheur de s'accrocher à un baril et six hommes en font autant. Quant aux autres barques, elles furent toutes jetées à la côte et bien peu de pêcheurs qui les montaient purent se sauver.

La perte que l'on fit dans cette circonstance troubla l'esprit des colons, la tristesse se répandit dans tous les cœurs, il semblait que la fatalité conspirait contre la colonie pour l'empêcher de prospérer, et l'on parla, longtemps de cette funeste pêche au lamentin.

1643. La Compagnie des îles jugea à propos de remplacer le brave Aubert par un nouveau gouverneur nommé Houel, qui, après avoir pris connaissance de la situation de la colonie, trouva que la population était peu en rapport avec l'étendue du terrain propre à la culture, et, d'un autre côté, que le nombre des célibataires vivants avec des négresses était trop considérable et d'un fâcheux effet pour la moralité publique. Il prit donc la résolution honnête de demander au mariage le moyen de fixer les hommes au sol et d'adoucir les mœurs un peu sauvages de ses administrés.

A cet effet, il demande à Paris qu'on veuille bien lui envoyer une certaine quantité de filles à marier.

Cette demande fat agréée par le gouvernement et l'on vit partir une compagnie de jeunes filles de l'hôpital de Saint-Joseph sous la direction d'une dame religieuse. La traversée fut heureuse, et à leur arrivée, elles furent bien accueillies à la Basse Terre et logées dans des cases construites exprès pour elles où rien ne manquait de ce qui leur était utile.

On comprend, du reste, que l'attente dans cette position ne fut pas de longue durée et que ces jeunes filles fraîches et gracieuses, qui étaient des beautés auprès de ces pauvres négresses si laides et disgraciées de la nature, trouvèrent facilement des adorateurs pour les épouser. La colonie fut donc en fêtes pendant quelques temps pour célébrer ces unions légitimes dans lesquelles résident sur cette terre le bonheur de la famille.

La culture coloniale consistait alors en pétun ou tabac, c'est sous ce premier nom que cette plante fut connue en Europe, dans le coton, le cacaotier et les plantes alimentaires comme le manioc dont la racine donne une fécule appelée cassave, l'igname, la banane et d'autres dont l'énumération est inutile. Le chou, les oignons et la pomme de terre poussent en herbe, le climat est trop chaud pour ces légumes.

Le tabac était devenu très commun et se vendait à vil prix pour l'exportation, il ne rapportait pas assez d'argent à la colonie. Aubert pensa avec raison qu'on pourrait tirer un meilleur parti d'un climat aussi chaud et d'une terre aussi féconde en essayant la culture de la canne à sucre qui était cultivée avec succès aux grandes Indes, mais ayant été remplacé par Houel, il lui laissa le soin de poursuivre cette idée en lui recommandant de faire des plantations de cannes et de faire construire une fabrique de sucre. A cet effet, on fit venir des plans de cannes que l'on planta. Le terrain et le travail se trouvant favorable, au bout d'un an on vit de beaux champs de canne à l'aspect verdoyant promettre une bonne récolte. Cet exemple profita à la colonie, car l'on vit les colons de la Grande-Terre s'empresser de planter des cannes et d'établir des sucreries. Cette innovation, due au bon gouverneur Aubert, apporta un notable changement dans la situation des cultivateurs qui virent leurs peines récompensées par l'aisance et la richesse. Il est bon de dire que la canne à sucre donne aussi deux autres produits qui ont leur valeur : le tafia et le rhum qu'on obtient par la distillation.

Quand on apprit dans les autres îles, le succès de la Guadeloupe dans cette nouvelle exploitation, on s'empressa de l'imiter et cette bonne fortune s'étendit partout dans les Antilles.

III

1646. La Compagnie des îles, mécontente de l'administration du gouverneur Houel, envoie le général de Thoisy pour le remplacer avec la qualité de lieutenant général des îles d'Amérique. Il arriva le 22 novembre de cette année pour prendre possession de son gouvernement. Mais le gouverneur Houel ne voulait pas lui céder sa place qu'il trouvait bonne, et il résolut de l'éloigner par ruse ou par force. En conséquence de ce projet, il fomenta une révolte contre ce nouveau gouverneur, qui avait déjà été reconnu à la Martinique en cette qualité par Duparquet. Il organisa une troupe de 250 hommes et en donna le commandement au nommé Labasilière, qui la conduisit sur une hauteur à portée de fusil de l'habitation du général de Thoisy ; celui-ci se trouvant bloqué, fait une sortie à la tête de 25 hommes pour repousser les révoltés, lesquels, voyant cette résolution de la part du général, et qu'il était soutenu par d'autres personnes encore, furent frappés de terreur panique et décampèrent lestement. Houel, apercevant le danger d'une guerre civile engagée contre l'autorité légale, alla prier le père Armand, supérieur des missionnaires, de bien vouloir apaiser la révolte. Le bon père parvint à réussir en engageant les mutins à mettre bas les armes. Le tour n'ayant pas réussi, Houel en chercha un autre. Il fit dire au général de Thoisy que son autorité aurait toujours à lutter contre la mauvaise volonté des habitants et qu'il ferait bien de quitter l'île pour le moment. De Thoisy jugeant que les circonstances ne lui étaient pas favorables, prit le parti de s'embarquer, le 31 décembre, sur un bâtiment qu'il avait acheté, et se rendit à la Martinique. A peine était-il embarqué que les séditieux se mirent à persécuter tous ceux qui étaient de son parti ; ils furent recherchés avec fureur, dé pouillés de leurs biens et chassés impitoyablement de l'île.

Le commandeur de Poincy, gouverneur général des îles à Saint-Christophe, s'entendait dans ces affaires avec Houel, qui était son subordonné, pour empêcher que de Thoisy fut reconnu gouverneur général, par ce qu'il' ne voulait pas renoncer à sa charge, et maintenir en même temps Houel à son poste, malgré l'ordre de la Compagnie des îles.

Il fut bientôt informé du départ et de l'arrivée de Thoisy à Saint-Pierre où il envoya une flottille pour le surprendre et s'emparer de sa personne.

Cette flottille, commandée par Lavernade, arriva, le 13 janvier 1647, en vue de la ville. Les autorités averties de son dessein, résolurent d'abord de se défendre, et l'on se mit à faire les préparatifs nécessaires pour repousser une attaque. Mais plusieurs habitants ayant communiqués avec la flotte, se laissèrent gagner par le commandant, et à leur retour ils persuadèrent les autres de livrer le génerai de Thoisy pour ravoir Duparquet, leur gouverneur, qui avait été mis en prison à Saint-Christophe, pour avoir reçu de Thoisy sans l'ordre de son supérieur, lorsqu'il s'était présenté à la Martinique une première fois.

Les colons, qui avaient juré obéissance à de Thoisy, cherchent alors un motif pour se dédire, et ils lui demandèrent la suppression des impôts qu'ils payaient à la Compagnie des îles, et comme cette demande ne pouvait être agréée, ils se crurent dégagés de leurs obligations envers lui.

Deux jours après ces événements, la maison des jésuites où il était fut entourée par des troupes qui s'emparèrent de sa personne et l'embarquèrent sur un navire de Lavernade.

A son arrivée à Saint-Christophe, de Poincy fit tirer le canon en signe de victoire et l'on mit de Thoisy en prison où il fut soigneusement gardé. En même temps Duparquet en sortait pour retourner dans son gouvernement de la Martinique où il fut reçu.

Pendant que ces événements se passaient, le conseil du roi Louis XIV décidait que M. de Poincy resterait une année encore à Saint-Christophe pour arranger ses affaires personnelles, et qu'en même temps de Thoisy serait lieutenant général des îles de la Guadeloupe et de la Martinique, et qu'ensuite il exercerait la même charge sur toutes les îles de l'Amérique.

Ce gouvernement ne se doutait guère de la triste position dans laquelle se trouvait son représentant aux Antilles, et que, malgré un pouvoir absolu, il est difficile de gouverner contre les intérêts des peuples à cette distance ; car ce qui avait nuit à de Thoisy, c'était le système d'impôts qu'il représentait, la. Compagnie des îles voulant imposer les produits des colons de droits excessifs à leur sortie ainsi que les marchandises importées de France aux colonies ; c'était dans les impôts que se trouvaient les motifs de cette révolte.

Le gouvernement de France finit par comprendre qu'il s'était engagé dans une fausse voie en approuvant la nomination de Thoisy comme gouverneur des îles et représentant un système d'impôts excessifs pour des colonies naissantes. Il fut rappelé et de Poincy confirmé dans sa charge. Ce qui n'améliorait pas les affaires de la Compagnie qui pliait sous le fardeau de ses dettes, et ne sachant par quels moyens elle pourrait donner satisfaction à ses nombreux créanciers.

1649. Cette Compagnie des îles considérant qu'elle ne pouvait se soutenir qu'en mettant des impôts très-lourds sur les habitants, et qu'ils refusaient de supporter ;

qu'elle ne tirait aucun profit des sommes considérables qu'elle avait déboursées dans cette grande entreprise, et pressée par ses créanciers qui demandaient à être payés, elle prit la résolution de vendre les quatre îles de la Guadeloupe, la Désirade, Marie-Galante et les Saintes, à Houel, gouverneur, et au marquis de Boisseret, son beau-frère, pour la faible somme de 60.000 livres et 600 livres de sucre fin par an. Dans cette vente se trouvait compris les maisons, forts, canons, munitions, outils, meubles, marchandises et les esclaves appartenant à ladite Compagnie. Les deux acquéreurs s'engagèrent en outre à payer les dettes qu'elle avait dans le pays.

1654. Une circonstance heureuse vint se présenter cette année pour la colonie ; il arriva plusieurs navires chargés de familles hollandaises, chassées du Brésil par les Portugais pour des motifs de religion. Ces bonnes gens en arrivant demandent la permission de se fixer dans l'île sur le même pied que les autres colons, ce qui leur fut accordé avec empressement par le gouverneur Houel.

Ces navires amenaient plus de 900 personnes, tant libres qu'esclaves, avec des richesses considérables. Il y avait 300 soldats wallons et 300 esclaves, le reste était composé de cultivateurs avec leurs femmes et leurs enfants. Ils demandaient simplement le libre exercice de leur culte et des terres à cultiver pour former un village, promettant du reste d'être calmes, tranquilles et soumis aux lois et règlements de l'île. On leur assigna un quartier où ils s'installèrent pour cultiver et vivre de la vie commune.

1656. Vers la fin de l'année, il se passa un événement fâcheux qui, mieux concerté, aurait pu avoir des conséquences funestes pour les colons.

Un soulèvement d'esclaves eut lieu sous la direction de deux d'entre eux nommés Pedre et Jean Leblanc. Leur projet était de massacrer tous les maîtres, de conserver leurs femmes et de créer deux royautés dans l'île. Le complot manqua par l'effet d'une partie des conjurés, qui ne jugèrent pas à propos de se rendre à l'endroit indiqué pour le rendez-vous, puis par la répulsion bien naturelle qu'ils éprouvaient d'être obligés d'assassiner des maîtres qu'ils avaient appris, sinon à aimer, du moins à respecter.

Ceux qui s'étaient mis en révolte se mirent à piller et à détruire des habitations par le feu, puis ils prirent la fuite dans les bois. Pour leur donner la chasse, on choisit vingt soldats et des nègres restés fidèles ; presque tous furent pris et jugés dignes de la potence. Les deux pauvres rois, Pedre et Jean Leblanc furent également pris et condamnés à être écartelés vifs. Ainsi finit cette histoire que deux pauvres fous avaient inventée pour se venger d'une société qui avait toutes les jouissances des biens, tandis qu'eux n'avaient que des souffrances à endurer.

1685. La population esclave augmentant avec le développement de l'agriculture et du commerce, il était naturel et humain de régler par un code les droits et' les devoirs des maîtres, qui jusqu'alors avaient considéré l'esclave comme une propriété exclusive dont personne n'avait à s'inquiéter. D'autre part, comme les abus naissent et tendent à s'invétérer avec le temps, il était sage de limiter l'autorité du maître sur son esclave, qui était après tout un homme dont on pouvait user et ne point abuser.

On cite ici quelques parties du Code noir, on jugera de son esprit de moralité :

« Les esclaves seront baptisés et instruits dans la « religion sous peine d'amende contre les maîtres. Les hommes libres qui auront des enfants en concubinage avec des esclaves, et les maîtres qui l'auront souffert seront condamnés à 2.000 livres d'amende. « Le maître qui aura des enfants d'esclave, sera privé « de l'esclave et des enfants à moins qu'il n'épouse la « mère, ce qui rendra les enfants libres. Les mariages « des esclaves seront solennisés ; le consentement du « maître est nécessaire, mais il n'a pas le droit de « marier l'esclave contre son gré. »

1690. L'Europe s'était liguée contre la France, la guerre maritime existait déjà depuis deux ans avec la Hollande et l'Angleterre au sujet du roi Jacques II, dépossédé par son gendre, Guillaume, prince d'Orange, que Louis XIV voulait rétablir sur son trône.

L'Angleterre, pensant pouvoir s'emparer facilement de la Guadeloupe, fit préparer à la Jamaïque une expédition contre celte île où elle arriva, le 27 mars ; elle se composait de quatorze navires de guerre ayant à bord des troupes de débarquement, commandée par le général Codrington.

La première opération de général fut de s'emparer de Marie-Galante, livrée à elle même et incapable de pouvoir résister. Après avoir ravagée cette île, les Anglais se rembarquèrent pour venir attaquer la Basse-Terre, le 10 avril. La garnison du fort était de 60 hommes sous les ordres d'un homme énergique nommé Malmaison, lieutenant du roi, et malgré son infériorité, elle soutint bravement un siège de 35 jour ; ce qui donna le temps de réclamer des secours à la Martinique. Bientôt le gouverneur de Ragny accourut avec un corps de troupe, et après quelques combats heureux pour nous, les Anglais furent forcés de se rembarquer, abandonnant leurs blessés, des bagages et des prisonniers.

1700. La paix de Riswick, faite, en 1697, entre les puissances de l'Europe, ramena la tranquillité, le travail et la prospérité dans les Antilles ; mais cette situation heureuse fut changée par l'ambition de Louis XIV qui voulait placer son petit-fils sur le trône d'Espagne ; les autres puissances, par jalousie, se liguèrent contre lui pour traverser ses projets ; elles accusaient ce monarque bien à tort de rêver la monarchie universelle. Cette idée était du roi Guillaume, l'ennemi particulier du roi Louis XIV.

1702. Les armées de terre eurent à lutter contre des forces supérieures et ne furent pas heureuses ; il en fut de même de notre marine unie à celle de l'Espagne, les flottes de l'Angleterre et de la Hollande, les accablèrent en différentes rencontres ; notamment dans l'affaire du port Vigo, en Galice, où la flotte anglaise força l'entrée du port pour s'emparer de dix vaisseaux de guerre et onze galions chargés d'or venant de la Havane. Cette victoire des Anglais eut un retentissement immense dans le monde, et assura l'empire des mers à cette nation ambitieuse.

La situation des Antilles françaises devint assez critique par la crainte d'être attaquées par les ennemis. Ils s'étaient emparés de Marie-Galante qu'on parvint à reprendre après quelques efforts de notre part.

1703. Au commencement de l'année on apprit que les Anglais faisaient de grands préparatifs à la Jamaïque pour attaquer nos possessions, qu'ils convoitaient depuis longtemps; mais on ne connaissait pas d'avance le point d'attaque. Il fallut donc se mettre en garde partout pour éviter d'être surpris par ces éternels ennemis. Ce fut au mois de mars que l'expédition se présenta devant la Basse-Terre ; elle était composé de 45 voiles portant 4.000 hommes de débarquement et commandée par l'amiral Benbow Walker. Après le débarquement des troupes près de la ville on commença les opérations du siège contre le fort qui la protégeait. L'artillerie parvint à ouvrir la brèche, le 3 avril, et les Anglais se disposaient à donner l'assaut, le commandant de la place ayant refusé de se rendre. Tout en se défendant, la garnison avait miné les principales pièces de fortifications, et la nuit qui précéda le jour désigné pour l'assaut le feu fut mis aux fourneaux de mine qui éclatèrent 1 comme un volcan aux yeux dés assiégeants fort étonnés de n'avoir conquit qu'un monceau de ruine3 après trois semaines de peines et de travaux.

Pendant ce temps, les Français avaient gagné vivement de l'espace pour se retirer dans les bois où ils espéraient se défendre assez longtemps pour être secourus par un renfort qui devait venir de la Martinique. En effet, 800 hommes parvinrent à débarquer et aies joindre, alors on attaqua avec courage les ennemis sur plusieurs points à la fois, en faisant une guerre de tirailleurs qui tournait à leur désavantage, mais le meilleur auxiliaire fut la maladie qui se déclara parmi eux ; les pertes journalières qu'ils éprouvaient obligèrent l'amiral Benbow Walker à ordonner le rembarquement. Les pertes essuyées par les Anglais dans cette expédition, furent de 1900 hommes, c'était presque la moitié des troupes de débarquement.

Dans le récit du voyage, fait par le père Labat, qui se trouvait à la Guadeloupe à cette époque, il dit que « les Anglais brûlèrent quatre églises, vingt-neuf sucreries, quatre bourgs et quatre couvents. Les Français eurent 27 tués et 150 blessés. »

On avait organisé une compagnie de 60 nègres, elle rendit de très bons services pendant la campagne en se battant bravement à côté de nos soldats. On aime à croire que le gouverneur d'alors, M. Auger, se sera montré juste envers eux, en leur accordant une liberté bien gagnée au service de la France, malheureusement le père Labat n'en dit rien dans son récit sur les événements de cette époque.

IV

1713. La paix d'Utrecht enleva une partie de nos colonies pour les donner à l'exigeante Angleterre : on perdit la baie d'Hudson et Terre-Neuve. Le gouvernement d'alors devint plus soigneux des autres ; elles furent affranchies de droits qui pesaient trop lourdement sur leurs produits. C'est alors que commence la prospérité de nos colonies à sucre et à café. Cette prospérité n'était que relative pour notre île, car on l'a déjà dit, les affaires ne se traitaient avec l'Europe que par l'intermédiaire de la Martinique, qui était le centre commercial des Antilles, la reine des possessions françaises. Alors nous avions St-Domingue, qui promettait d'acquérir une grande importance, St-Christophe, le berceau de notre colonisation, Ste-Lucie, St-Vincent, la Grenade et Tobago. Toutes ces îles avaient dans leur sein des germes de prospérité qui ne demandaient qu'à se développer avec le temps.

1715. Le roi Louis XIV, après un règne illustre, puisqu'il donna son nom à son siècle, meurt en laissant sa couronne à un enfant de cinq ans. La régence fut confiée au duc d'Orléans, prince doué d'aimables qualités, mais aimant trop le plaisir. Les finances de la France étaient dans un grand désordre, le régent crut les rétablir en adoptant le trop fameux système de Law, espèce d'aventurier en finances. L'argent fut remplacé par un papier monnaie qui eut cours un moment et tomba ensuite dans le discrédit ; beaucoup de gens furent ruinés par l'agiotage et les colonies se ressentirent de cet état de choses ; l'argent, ce nerf des affaires, devenant rare, les transactions devinrent difficiles et languissantes.

1717. Le chevalier de Peugnières, étant gouverneur de la Guadeloupe, reçu du cabinet de Versailles l'ordre d'aller à la Martinique, comme gouverneur général des îles Sous-le-Vent. Ce changement avait été motivé par le renvoi en France de M. de Lavarenne, gouverneur, qui avait déplu aux colons de cette île par ses actes. On ne sait pourquoi il fit défendre la construction de nouvelles sucreries. Les colons mécontents se liguèrent contre lui ; ils l'attirèrent, un beau jour, par ruse, à un dîner, avec l'intendant Ricouard, dans une maison de campagne située au Lamentin, où il fut interrogé et jugé digne de retourner en France. En effet, il fut embarqué le jour même sur un navire qui l'attendait sous voile. C'est à la suite de cette affaire fâcheuse que le chevalier de Peugnières vint à la Martinique prendre en main le gouvernement général des Antilles, et qu'à partir de cette époque: la Guadeloupe se trouvait être une dépendance de la Martinique.

1727. Jusqu'à cette époque, on ne cultivait dans les Antilles que la canne à sucre, le coton, le cacao, le tabac et les plantes alimentaires, lorsqu'on apprit que la Martinique avait reçu des plans de caféier et que cet arbrisseau réussissait parfaitement dans cette île. On pensa donc avec raison tirer bon parti de ce précieux arbuste en le cultivant dans la colonie, et peu à peu la culture s'en répandit dans les îles voisines où il réussit parfaitement.

1733. La paix existait depuis 1714 ; elle profitait à toutes les nations en amenant une grande prospérité. Le commerce des îles avait pris un développement inconnu jusqu'alors : les denrées coloniales s'introduisaient dans la consommation des peuples; le sucre et le café y entraient pour une grande part. Aussi les Antilles regorgeaient de richesse en numéraire et autres, valeur s. La Guadeloupe participait à cette heureuse situation : les plantations, les sucreries augmentaient leurs productions en construisant des bâtiments et en augmentant le nombre des travailleurs. Mais elle ne pouvait pas rivaliser avec sa florissante voisine la Martinique où toutes les grandes opérations se concluaient pour l'Europe.

1740. A cette époque, les Anglais suscitaient des difficultés pour recommencer la guerre maritime, dans l'intention de s'emparer de quelques colonies et pour arriver à se saisir du commerce général. Dans cette intention, ils commencèrent par l'Espagne, qui avait de fort belles possessions lointaines et faisait un commerce considérable.

Par le traité d'Utrecht, ils s'étaient réservé le droit de fournir les colonies espagnoles d'esclaves pendant trente ans, et de commercer avec un seul vaisseau de 500 tonneaux qui fut bientôt porté à mille; puis on le fit accompagner de petits navires, chargés de marchandises pour alimenter le grand, qui, par ce moyen, ne désemplissait pas d'esclaves et de marchandises.

Cette mauvaise foi irrita les Espagnols au point que l'un d'eux coupa l'oreille à un capitaine anglais, qui alla au Parlement se plaindre de cette mutilation. Il n'en fallait pas davantage pour faire éclater la guerre entre les deux nations. Le cardinal de Fleury, qui dirigeait les affaires de France, s'interposa bien entre les deux partis pour les concilier, mais ce fut en vain. L'Angleterre voulait prendre des colonies à l'Espagne, et l'occasion était trop belle pour la laisser échapper.

1748. La France avait été obligée de s'unir à l'Espagne contre l'Angleterre, qui commettait toutes espèces de vexations à notre égard sur mer, prétendant que c'était par erreur que sa marine arrêtait nos vaisseaux. En outre, elle était parvenue à former une coalition contre nous, composée de l'Allemagne, de la Hollande et du Piémont ; les hostilités eurent lieu sur le Rhin, en Flandre et en Italie où les succès et les pertes se balancèrent jusqu'à la bataille de Fontenoy, gagnée sur les Anglais et les Autrichiens, le 11 mai 1745 par l'illustre maréchal de Saxe, alors vieux et infirme. Cette victoire refroidit un peu l'ardeur de nos ennemis par les suites avantageuses, qu'on sut en tirer en faisant la conquête des places de Flandre.

Pendant ce temps, les Anglais obtenaient des succès sur mer et dans l'Amérique du Nord où ils s'emparaient du cap Breton ; puis ils détruisaient notre marine dans deux combats, au cap Finistère et à Belle-Isle.

La lassitude de la guerre, la ruine en hommes et en argent décidèrent enfin les parties belligérantes à s'entendre après la prise de Maëstricht pour traiter de la paix, qui fut conclue à Aix-la-Chapelle, le 18 octobre 1748.

Pendant cette guerre qui dura huit ans, les colonies des Antilles eurent à repousser des attaques partielles de bâtiments ennemis ; mais la plus grande gêne consistait dans l'interruption des communications avec la métropole. La formidable marine anglaise était partout aux aguets, pour surprendre et saisir nos convois marchands, presque toujours escortés par des forces insuffisantes. La guerre faite par nos corsaires au commerce anglais ne compensait nullement nos pertes maritimes.

1756. La guerre recommença par l'Amérique du Nord au sujet de délimitation du territoire. Les Anglais attaquèrent les postes français, en faisant des excursions sur des parties de territoire appartenant à la France. Ils se rendirent même coupables d'un assassinat sur un officier français nommé Jumonville, envoyé du fort Duquesne pour réclamer contre des usurpations commises par eux. Dans cette circonstance les Anglais du fort de la Nécessité, construit sur notre territoire, était commandés par le major Washington où le crime eut lieu ; l'impartialité oblige à dire que cet acte ne fait pas honneur aux sentiments de justice d'un homme que la destinée a fait président des Etats-Unis, et qui, en cette qualité, implora plus tard l'intervention de la France pour aider les Américains à secouer le joug de l'Angleterre. Pour en finir, le frère de Jumonville fut envoyé à la tête d'une expédition afin de punir les Anglais de cette trahison, et il reçut par capitulation le fort de la Nécessité, qu'il aurait pu enlever d'assaut et passer la garnison par les armes pour venger son frère et nos soldats ; mais il aima mieux se montrer généreux en agissant loyalement. Les sauvages, au nombre de cinq à six cents qui l'accompagnaient, ne comprenaient pas une pareille générosité et l'excitait à verser le sang des prisonniers anglais. Cette retenue de la part de Jumonville avait pour but l'échange des malheureux compagnons de son frère, qui avaient été épargnés, et que l'on retenait prisonnier à Boston.

Vers la même époque, ces mêmes Anglais violaient aussi la paix sur mer en s'emparant de deux vaisseaux de guerre, Yalcide et le Lys, portant des secours au Canada menacé par eux. A ce signal, les corsaires anglais, qui avaient le mot, tombent comme des oiseaux de proie sur notre marine marchande : trois cents bâtiments valant trente millions sont enlevés sans déclaration de guerre. Après des vexations de toute espèce, la France déclara enfin la guerre le 13 janvier 1756. Il fallut songer à mettre nos établissements coloniaux à l'abri de la marine anglaise, en envoyant de France des renforts de troupes et de l'argent ; il fallait exécuter des travaux de défense, et tout disposer pour se faire respecter d'un ennemi entreprenant.

M. de Machauld, alors ministre de la marine, eut le talent de distribuer les forces maritimes de la France sur des points qui inquiétèrent vivement le gouvernement anglais ayant à sa disposition une marine supérieure en force et qui pensait tout envahir sans obstacle. Mais le gouvernement de Louis XV, dirigé par une femme, manquait de l'énergie nécessaire pour bien conduire une guerre maritime redoutable, à laquelle vint bientôt se joindre une guerre continentale pour soutenir l'Autriche contre la Prusse.

Les communications maritimes sont coupées entre les colonies et la métropole ; le commerce et les transactions sont presque anéanties et n'existaient qu'avec les nations neutres. L'esprit public, influencé par le doute et la peur, manquait de confiance dans l'avenir qui lui paraissait plein de périls et de dangers. La marine anglaise était redoutée par le nombre et ses succès, et l'on craignait avec raison ses entreprises contre nos possessions maritimes.

1759. Cette année fut une époque extrêmement grave pour la Martinique et la Guadeloupe. Une expédition anglaise, commandée par l'amiral John Moore, ayant été repoussée de la Martinique par une résistance qu'on ne saurait trop louer, vint s'abattre sur notre île qui ne possédait pas d'aussi grand moyens de défense, et qui ne pouvait compter que sur l'énergie de la garnison et des habitants pour défendre leur sol attaqué par des forces supérieures.

L'expédition parut devant la Basse-Terre, le 23 janvier; elle comptait dix vaisseaux de ligne avec des transports portant des troupes de débarquement. M.

Nadaud-Duteil, gouverneur, rassembla ses troupes et ses milices pour se défendre ; mais les Anglais ne lui en laissèrent guère le temps, car ils débarquèrent aussitôt à leur arrivée près de la ville de la Basse-Terre ; ils tentèrent une attaque générale contre le fort et les batteries qui protègent la rade. Il faut bien le dire, cette attaque réussit : les troupes anglaises entrèrent sans coup férir dans la ville et le fort, qui avait été abandonné par les Français. Un déserteur français avait prévenu l'ennemi que la forteresse avait été minée pour la faire sauter ; c'était vrai, mais dans la précipitation de la retraite, la mèche qui devait donner le feu aux poudres n'avait pas été allumée. L'explosion n'eut pas lieu et les Anglais purent prendre tranquillement possession du fort.

Le 24 janvier, le gouverneur avait réuni 2.000 hommes dans une bonne position, à l'entrée d'un défilé appelé le Dos-d'âne, où l'on ne pouvait l'attaquer facilement. Alors les Anglais lui firent des propositions qu'il refusa d'écouter, aimant mieux se défendre que rendre l'île.

Les habitants se joignirent avec leurs esclaves aux troupes, pour participer à la défense de l'île en faisant une guerre d'escarmouche qui devint très meurtrière pour les Anglais. On cite le dévouement dont Madame Ducharmey fit preuve en plusieurs circonstances à la tête de ses gens. Des détachements ennemis sont attaqués et défaits courageusement par cette dame ; les Anglais furent obligés d'envoyer des corps de troupe contre elle pour la déloger de ses positions.

La guerre avait commencée à la Basse-Terre, pays montagneux et boisé, et par conséquent facile à défendre par les Français, qui en connaissaient la topographie et les ressources. Les ennemis, appréciant ces avantages, se décidèrent à la porter à là Grande-Terre, pays plat, dont les accès sont faciles par mer. Ils s'emparèrent du fort Louis après quelques jours de siège, qui leur servit de base d'opération pour attaquer ensuite les défenseurs de l'île qui étaient divisés par détachements de forces variables. Les Anglais imitèrent cette tactique en ayant des détachements beaucoup plus forts que ceux des Français, ce qui leur permit de se rendre maîtres de tous les points défensifs de l'île. — Les secours n'arrivant point de la Martinique, le gouverneur Nadeau Du Treil, voyant toute résistance impossible, envoya deux officiers près du général Barington pour traiter de la reddition de l'île.

Ces conditions furent des plus honorables pour les Français ; rien n'était changé dans les conditions sociales des habitants qui conservaient leurs propriétés, le libre exercice de leur religion et n'étaient assujettis à aucune taxe nouvelle. En cas de guerre, ils n'étaient pas tenus à prendre les armes contre la France. Par une coïncidence fatale, on apprit, au moment où l'on signait la capitulation, qu'un secours de 600 hommes était débarqué heureusement à Ste Anne, et amené par le gouverneur général, de Beauharnais, pour concourir à la défense de l'île; mais il était trop tard, ce corps fut obligé de se rembarquer pour retourner à la Martinique.

Plus tard, à la rentrée de Nadaud-Duteil en France, il fut accusé d'avoir mollement défendu son île ; on a écrit même qu'il fut mis en jugement et dégradé. Cette condamnation aurait été excessive en raison de la faiblesse des moyens mis à sa disposition pour se défendre et du manque de concours de la part du gouverneur général Beauharnais. La défense avait durée trois mois entiers ; c'était certainement tout ce que pouvait faire une garnison de 2,000 hommes contre cinq à six mille ; mais on pouvait lui reprocher la défense du fort de la Basse-Terre, qui avait été sottement abandonné aux Anglais à leur débarquement.

1763. Quatre ans après ces inconvénients, la paix fut signée entre la France et l'Angleterre, qui rendit la Guadeloupe avec sa sœur, la Martinique ; mais la guerre maritime avait été si désastreuse pour nous, que les Anglais en profitèrent pour nous enlever la majeure partie de nos colonies dans le monde entier et toute influence maritime. On ne comprend pas qu'il se soit trouvé un roi de France, pouvant consentir à faire subir un pareil traité à son pays.

Le gouvernement français rendit, après la paix, l'administration de la Guadeloupe indépendante de celle de la Martinique. Cette île n'était plus obligée d'envoyer toutes ses denrées à la Martinique et d'y acheter tous les objets de consommation dont elle pouvait avoir besoin ; elle commerçait directement avec la France et les autres colonies, et son gouverneur ne relevait que du ministre de la marine. Six ans après, on replace de nouveau la Guadeloupe sous la dépendance de sa voisine, pour obtenir, disait-on, plus d'unité dans la défense en cas de guerre ; les deux îles pouvant se porter mutuellement secours. Puis on s'aperçut enfin que les avantages qu'on espérait par cette réunion étaient illusoires depuis que la Dominique, située entre ces deux îles, avait été cédée à l'Angleterre, et, en 1775, la Guadeloupe fut définitivement constituée indépendante du gouvernement de la Martinique, ainsi que cela a lieu de nos jours.

1774. La mort du roi Louis XV fut regardée comme le terme des calamités qui pesaient sur la France : les finances étaient dans le plus grand désordre, l'augmentation des impôts et la conduite immorale du monarque irritaient les populations. Les dissensions agitèrent les esprits dans les dernières années de son règne ; les parlements furent dissous à cause de leur opposition et les jésuites expulsés du territoire pour leurs sourdes menées. En 1772, la malheureuse Pologne fut abandonnée à l'avidité de la Prusse, de l'Autriche et de la Russi3.

Il y eut cependant de beaux jours sous ce règne : la guerre d'Allemagne, qui amena la bataille de Fontenoy et la paix d'Aix-la-Chapelle, ne fut pas sans gloire pour nous ; mais celle de sept ans fut malheureuse par la perte de la bataille de Rosbach contre la Prusse.

Au point de vue maritime et colonial, le gouvernement manqua de capacité, d'énergie et de volonté ; il se laissa arracher par les Anglais les établissements fondés sous le règne précédent. Ce ne furent pas les hommes distingués qui manquèrent pour bien conduire les affaires de l'époque, mais une direction habile et ferme. La France perdit son prestige et la plus grande partie de ses possessions dans l'Inde et l'Amérique.

Pendant la période de paix qui succéda à la guerre désastreuse de 1756 à 1763, les cultures du pays s'augmentèrent beaucoup par le travail et les échanges directes qui se faisaient avec la France et d'autres pays. Cette prospérité donnait l'aisance et la richesse à notre colonie où la fertilité du sol seconde les efforts des habitants.

1776. Le calme dans lequel on vivait depuis longtemps est tout à coup troublé par l'éclat du conflit qui vint à s'élever entre l'Angleterre et ses colonies d'Amérique au sujet des impôts du timbre et du thé qu'elle voulait leur imposer arbitrairement. Les Américains, furieux contre les procédés de la métropole, créent un congrès qui fait une déclaration d'indépendance, le 4 juillet 1776, et l'état de guerre s'ensuivit.

La haine que l'on portait à l'Angleterre fit tressaillir tous les cœurs en apprenant ce qui se passait, et l'on voyait avec bonheur le moment de la vengeance arriver pour déchirer les infâmes traités de 1763. Le gouvernement de Louis XVI temporisa tant qu'il put à cause de l'infériorité de notre marine réduite à 40 vaisseaux ; mais poussé par l'opinion publique, il dut céder et reconnaître l'établissement du nouveau gouvernement américain. Franklin, ambassadeur de la nouvelle république, est reconnu par la France, qui envoie de son côté M. de Reineval la représenter aux Etats-Unis.

Dans les colonies de la Martinique et de la Guadeloupe on était dans la joie par l'espoir de voir un jour l'Angleterre humiliée et nos désastres réparés. Un gouverneur habile et énergique, le général de Bouille, fut donné à la Martinique. Il reprit la Dominique et Ste-Lucie, mais cette dernière île ne put être conservée. Le comte Destaing, avec son escadre, reprit St-Vincent et la Grenade. Dans ces parages, Lamotte-Piquet et lui soutinrent dignement l'honneur de notre pavillon dans différentes rencontres avec les forces anglaises.

V.

1789. Pendant dix ans, les habitants vécurent dans une paix profonde, ne songeant qu'à étendre leurs cultures et leurs rapports d'affaires, qui étaient en voie de prospérité, lorsque les agitations de la France pour la liberté vinrent remuer l'esprit impressionnable des blancs et des gens de couleur. A l'imitation de ce qui se passait partout, on éprouvait un désir de changement politique qui provenait de la vue des institutions libres de l'Angleterre et des Etats-Unis, où les intérêts de ces nations se discutaient librement par des mandataires élus par le peuple.

Dans les colonies, les blancs désiraient comme en France avoir la liberté d'élire des députés pour traiter de leurs intérêts, mais pour eux seulement ; ils ne pensaient pas que les gens de couleur libres pussent jamais jouir de droits politiques dans les îles, cette prétention leur paraissait inadmissible.

En conséquence, une députation d'habitants de la Guadeloupe vint à Paris se présenter à la Constituante pour demander le droit de représentation, et par un décret, du 22 septembre 1789, le nombre des députés fut fixé à deux.

1790. S'il existe des esprits ardents, c'est surtout dans les climats chauds, où l'imagination s'excite aisément pour se monter et éclater, c'est la cause première de toutes ces insurrections qui ont eu lieu à diverses époques dans ces pays. Il y a des hommes impatients qui ne savent pas attendre et conformer leur marche à celle des événements, il faut avec eux courir au but au lieu d'y marcher, et ils deviennent ennemis de ceux qui entravent leur course. La Guadeloupe avait pour gouverneur un excellent homme, le général de Clugny, qui était plein de zèle et de dévouement à l'intérêt public, mais qui ne pouvait satisfaire tout le monde. Il se forma un parti d'hommes avancés, dans le sens de ceux qu'on appelait patriotes, et qui tendaient à agiter la colonie en usant de mauvais procédés.

Vers le commencement de septembre, ce parti d'agitateurs avait achevé de séduire les troupes de la Basse-Terre, qui se portèrent à la mairie pour remercier la municipalité de leur avoir donné six barriques de vin pour célébrer la St-Louis. Ils avaient deux drapeaux : l'un fut donné au maire, chez lui, et le deuxième, à un des chefs de la réunion ; puis cette troupe se rendit à un Comité pour prêter le serment de civisme, et de là au gouvernement avec leurs partisans ; ils obligèrent le général de Clugny à se présenter devant eux.

Un grenadier s'avance et lui dit : « Mon général, nous sommes venus pour vous dire que nous sommes tous patriotes et que nous venons d'en faire le serment au Comité, et que si vous vous écartiez de celui que nous avons fait, nous vous abandonnerions. »

Le général de Clugny leur répondit : «Avez-vous à vous plaindre de moi ? Ne vous ai-je pas toujours traité comme mes enfants? Allez, soyez tranquilles, je serai fidèle à mon serment à la vie et à la mort. »

Les soldats, satisfaits, se retirèrent en criant « vive notre général ! » et, s'échauffant avec de la boisson, ils parcourent les rues, le sabre à la main, en effrayant les habitants.

Le lendemain de cette échauffourée de soldats, un bâtiment marchand, venant de la Martinique, apporte la nouvelle de l'insurrection de Fort-de-France. Alors la fermentation recommence à la Basse-Terre avec plus de violence ; les soldats et le peuple se rassemblent sur le bord de la mer, et l'un des chefs du rassemblement fait la proposition d'aller secourir les insurgés de la Martinique

; ce qui fut accepté, et l'embarquement fixé au soir même.

Les jours suivants, les soldats mirent le comble à leurs excès, en se permettant d'aller prendre le gouverneur de Clugny pour l'amener de force sur la Savane où il y avait un tamarin auquel était attaché une corde, destinée à pendre les aristocrates. Les soldats la lui firent remarquer et le forcèrent ensuite à creuser lui-même une partie de la fosse pour les enterrer au besoin, et ils exigèrent aussi que les officiers qui l'accompagnaient en fissent autant. Les soldats disaient hautement que le lendemain ils feraient l'essai du tamarin sur le tambour-major du régiment pour n'avoir pas voulu suivre la révolte ; ils le considéraient comme un aristocrate.

Heureusement que le gouverneur avait un caractère facile et conciliant qui lui permettait de supporter les excès de soldats en délire, et attendre qu'une ivresse passagère fut dissipée pour reprendre sur des hommes égarés un ascendant qu'il avait toujours eu sur les troupes.

Le parti des agitateurs parvenait à troubler l'ordre dans les deux îles de la Martinique et de la Guadeloupe ; ici le motif était indéterminé, à la Martinique c'était le commerçant qui voulait dominer les planteurs.

Il parut dans le courant de mars un décret de la Constituante autorisant les colonies à faire connaître leurs vœux sur la constitution, la législation et l'administration qui convenaient le mieux aux habitants. L'assemblée coloniale s'empressa de rédiger les modifications nécessaires au régime colonial en faveur, et de faire parvenir à la Constituante une adresse, pour la remercier des intentions favorables qu'elle manifestait envers les colonies.

La Guadeloupe se remit de ses troubles, le gouverneur et l'assemblée coloniale y contribuèrent beaucoup par leur attitude et leur langage. On gémissait sur le triste sort de la Martinique, à laquelle on avait envoyé des secours sur la demande de la ville de Saint-Pierre, et l'on ne se doutait pas que c'était pour alimenter la révolte.

On s'était réuni pour former les cahiers demandés par la Constituante à laquelle ils furent remis par l'intermédiaire des députés de la colonie à Paris.

Un incident, insignifiant par lui-même, fut sur le point de troubler la tranquillité de l'île. Le 10 octobre, deux jeunes gens arrivèrent de la Martinique portant une dépêche pour le gouverneur, de la part du général Dumas, gouverneur de la Martinique ; leurs manières mystérieuses intriguèrent les habitants qui se rendirent chez M. de Clugny pour connaître le contenu de cette dépêche, ce qui fut accordé par celui-ci. Arrivé au passage suivant : « dans cet état de chose, vous voyez, Monsieur, que je ne puis vous fournir aucun secours ; je ne doute « pas que vous fassiez tout ce qui sera en votre pouvoir pour conserver votre colonie à la métropole et la préserver des maux qui accablent la Martinique. »

Cette dépêche, qui annonçait une demande de secours après le mouvement du 3 septembre, fut si mal interprétée par les habitants de la Basse-Terre que M. de Clugny fut mis en état d'arrestation sous la garde de neuf citoyens. La municipalité ayant approuvé cette mesure, le comité colonial manda les députés des paroisses pour délibérer sur cette affaire grave.

Les députés assemblés trouvèrent dans leurs sentiments des motifs en faveur du gouverneur qui se justifia facilement. Il fut décidé à l'unanimité que la garde serait retirée et que l'on mettrait dans l'oubli un soupçon de déloyauté aussi blessant une conduite aussi illégale et outrageante. Il y avait encore des gens de bon sens et de loyauté, qui rendaient justice à leur gouverneur.

Pour faire oublier ces misères, on vota une fête, qui eut lieu le 27 octobre, dans laquelle on réunit les corps civils et militaires pour cimenter une union qui devenait de jour en jour plus nécessaire dans la colonie.

Dans ce même mois, l'assemblée coloniale prit la décision de transporter le lieu de ses séances à la Pointe-à-Pitre pour commencer ses sessions, en invitant le gouverneur à s'y rendre pour coopérer à ses travaux, et dans le but aussi de lui faire oublier la conduite tenue par les exaltés de la Basse-Terre.

Attachant un grand prix au maintien de la discipline parmi les troupes, elle fit comparaître en sa présence deux soldats qui avaient résisté à des tentatives de corruption, en dénonçant ceux qui avaient voulu les corrompre. Ils furent complimentés sur leur conduite courageuse par le président, un officier reçut aussi les félicitations de cette assemblée pour le même motif.

Quelques jours après, elle décide que MM Curt et Gulbert continueraient à représenter la colonie à la Constituante, pour soutenir ses vues et les intérêts de la colonie.

Les troubles de la Martinique étant apaisés, les députés, les milices et les troupes envoyés dans cette île, rentrèrent en rapportant un germe d'esprit de désordre. Ces députés et autres, qui étaient des exaltés, cherchèrent des partisans à la Pointe-à-Pitre. Ils y réussirent en partie, et voulurent essayer leurs forces en faisant une émeute au sujet de vivres demandés par la Martinique, et qui étaient chargés sur cinq petits navires. Us s'emparent violemment du fort Louis, qui commande la rade, à l'aide des marins de la frégate Y Embuscade, et font feu des canons pour empêcher les navires de sortir. Le danger, d'une seconde insurrection fit accourir des miliciens de toutes parts, au nombre de 600, qui reprennent le fort pour le garder.

A partir de ce moment, les partis commencent à se dessiner plus nettement : l'un cherche à soutenir ce qui existe, le gouvernement, l'ordre et la tranquillité, il était composé de blancs riches ; l'autre, au contraire, cherche la liberté dans l'agitation, le renversement de ce qui existe, il était composé de quelques blancs et de gens de couleur libres.

1791. Les hommes de couleur libres continuaient à s'agiter pour obtenir les droits de citoyens réservés jusque ici aux blancs; il s'associèrent dans ce but à ceux de St-Domingue, de la Martinique et des autres îles, et ils envoyèrent des députés et des pétitions à la Constituante, qui s'occupa d'eux dans la séance du 7 mai 1791, ainsi que cela a déjà été dit dans l'histoire de la Martinique. Dans cette séance, il fut décidé que les gens de couleur, nés de pères et de mères libres, seraient admis à voter comme les blancs, et seraient considérés citoyens comme eux.

Les blancs furent très mécontents de ce décret qui élevait moralement les gens de couleur à leur niveau ; c'était froisser leurs sentiments de supériorité de race ; heurter leurs préjugés enracinés que des siècles avaient consacré et que rien ne pourra effacer. Le blanc, dans cette partie du monde, se regardera toujours comme un être supérieur à celui de sang mêlé ; et, il faut le dire, l'homme de couleur a un certain respect pour lui, malgré les sentiments jaloux que son âme éprouve.

Les députés des colonies à la Constituante représentaient les intérêts des blancs ; ils s'opposèrent autant qu'il était possible de le faire au vote de ce décret ; mais en vain ! Il y eut un entraînement général en faveur des gens de couleur. Alors, se trouvant choqués de cette décision, ils prennent tous le parti d'écrire au président de l'Assemblée qu'ils n'assisteraient plus aux séances, parce qu'ils trouvaient que c'était une usurpation commise sur leurs droits.

Il semble aujourd'hui bien démontré par les faits que la race blanche avait tort de prendre si mal les choses ; car il devait arriver un jour où cette émancipation devait nécessairement avoir lieu, et, à cette époque, il était utile dans son intérêt que cela se fît, pour fortifier son parti contre l'esprit de liberté des noirs, qui tendaient, eux aussi, à l'émancipation. Certes, c'était beaucoup, d'élever le niveau libéral des gens de couleur à la hauteur de celui des blancs; mais là aurait dû s'arrêter l'action de l'Assemblée de France. Vouloir en faire autant pour une race esclave nullement préparée à la liberté, c'était une chose absurde ; c'était tout bouleverser, retourner la pyramide sociale sur la pointe, et dans ce cas s'exposer à tout perdre. Malheureusement en France on s'enthousiasme facilement pour une idée nouvelle, sans examiner les conséquences qui peuvent en résulter, et l'on peut dire hardiment que la classe noire ne méritait pas la faveur qu'on voulait lui faire, et que jamais l'Angleterre n'a favorisé ainsi ses noirs et ses mulâtres dans les nombreuses colonies qu'elle possède ; car ils ne participent à aucune élection, tout libres qu'ils sont, et ne jouissent point de droits politiques si généreusement prodigués par la France.

1792. La journée du 10 août avait amené la chute de la royauté en France, en produisant un grand effet sur le parti du gouvernement dans les colonies. On commençait aussi à désespérer dé son maintient el à croire que la fin de ce régime était proche.

Malgré tout, le gouverneur de Clugny, aidé et soutenu par le parti royaliste, agissait contre ceux qui demandaient l'égalité sociale et qui avaient le droit de leur côté, puisque la législative avait décrété, le 4 avril 1792, que les hommes de couleur et .les nègres libres, seraient admis à voter dans toutes les assemblées paroissiales, lorsqu'ils réuniraient les conditions voulues.

Il eût été de bonne équité de donner avec grâce ce que la loi accordait ; par ce moyen on évitait de mécontenter une partie nombreuse de la population qui avait une certaine valeur par son caractère énergique et son activité. Les gens de couleur et les noirs libres avaient comme les blancs, intérêt à s'entendre avec sincérité sur la situation, pour maintenir les noirs esclaves dans la subordination et le travail; mais les blancs, ici comme dans les autres îles, étaient" intraitables dans leur orgueil ; ils ne pouvaient se résoudre à comprendre que les gens de couleur, qui tenaient tout d'eux, devinssent leurs égaux. Aussi le gouverneur de Clugny, qui s'était montré assez tolérant jusqu'ici à leur égard, se mit à sévir contre tous ceux qui se montraient assez hardis pour réclamer des droits politiques.

C'est ainsi qu'il fit saisir et embarquer, d'un seul coup, 250 personnes sur un navire en partance pour la France, sans leur donner le temps ni les moyens nécessaires de se procurer ce qui leur était indispensable dans un si long voyage, malgré leur demande et celle du capitaine commandant le navire de transport.

Il en fit aussi enfermer d'autres dans les prisons pour le même motif dans l'intention d'intimider les gens de couleur. La réaction agissait ouvertement sous l'influence des planteurs des îles et surtout d'après l'influence du général de Béhague, gouverneur général des îles.

Vers le commencement de novembre, le capitaine Duval, commandant le navire la Perdrix, arrivant de la Guadeloupe, fut appelé à la barre de la Convention pour donner des renseignements sur la situation de cette île. Il déclara que la révolte existait contre le régime républicain et que le gouverneur de Clugny et l'assemblée coloniale étaient des réactionnaires. Alors et pour ce motif, Barrère fait décréter d'accusation les chefs militaires de cette île ; le ministre de la marine fut autoriser à remplacer les fonctionnaires dont le civisme était suspect.

La Convention, impressionnée par l'état de résistance des colonies, fit aussi comparaître à sa barre le contre-amiral Lacoste qui avait été envoyé, par le ministre de la marine avec d'autres personnes, comme commissaires aux Antilles, pour faire une enquête sur les causes qui empêchaient les gouverneurs et les assemblées coloniales de faire appliquer le décret du 4 avril 1792, concernant le vote des hommes de couleur et les noirs libres. Cet amiral déclara qu'à son arrivée les autres commissaires prirent parti pour les gouverneurs et les assemblées coloniales, c'est-à-dire contre la Révolution dont il est partisan, et que ses efforts dans ce sens ont été inutiles par l'effet d'une opposition décidée ; qu'il a été obligé de quitter la Guadeloupe par ordre du gouverneur de Clugny, et qu'avant son départ ses papiers furent saisis et retenus. A son retour il a fait son rapport au Comité colonial, et il a demandé qu'il fût présenté à la Convention.

La Convention avait donc raison de s'alarmer de ce qui se passait dans les Antilles où l'esprit de parti préparait une trahison en ne voulant pas reconnaître les changements survenus en France, et en demandant à l'Angleterre de la prendre sous sa protection.

Elle avait prescrit l'envoi de deux nouveaux gouverneurs, Rochambeau pour la Martinique et Collot pour la Guadeloupe, avec de nouveaux commissaires et des troupes ; mais on apprit que l'escadre portant cet envoi avait été obligée de faire route pour St-Domingue, sur le refus du gouverneur général, de Béhague, de laisser débarquer Rochambeau ; puis que l'assemblée coloniale, usurpant le pouvoir, avait nommé de Béhague généralisme des îles du' Vent, comprenant : la Martinique, la Guadeloupe, Ste-Lucie et Tobago.

Cependant on commençait à comprendre que la résistance à la Convention devenait un jeu dangereux, parce que c'était résister à un gouvernement de fait et dont les principes trouvaient un appui vigoureux dans les masses de la nation, et que la monarchie avait été frappée trop rudement pour se relever de sa défaite.

On se trouvait dans cet état de perplexité, lorsqu'on apprit à la Guadeloupe l'objet de la mission du capitaine Lacrosse et des commissaires qui l'accompagnaient ; ils s'étaient arrêtés à la Martinique et arrivèrent bientôt à la Guadeloupe pour convertir les récalcitrants au système républicain ; ils apportaient des paroles raisonnables et conciliantes dans le but de faire cesser une mauvaise situation. Et comme ceux auxquels Lacrosse s'adressait avait du patriotisme et du bon sens, ils comprirent qu'il fallait céder au torrent qui entraînait tout le monde vers un nouveau régime.

Il fut donc résolu qu'on acclamerait le gouvernement républicain ; et le gouverneur de Clugny voyant ses espérances, son autorité fondre au soleil de la liberté, pris le parti de quitter une terre où les hommes avaient la fièvre de l'agitation politique. Il s'embarqua sur un navire de l'Etat qui le transporta à la Trinité espagnole.

VI

1795. Les Anglais étaient maîtres de Sainte-Lucie où les Français avaient conservé un parti; V. Hugues, pour le soutenir, y envoie son collègue Goyrand, jeune homme brave, actif, doux et humain. On parvient à débarquer dans l'île avec quelques forces, et l'on se réunit au parti français. Une affaire a lieu dans laquelle les Anglais perdent 700 hommes ; ils sont obligés de s'enfermer dans le fort du morne Fortuné, d'où ils s'enfuirent précipitamment dans la nuit du 18 juin.

Maître de Sainte-Lucie, le commissaire Goyrand y établit une administration qui le lit aimer et estimer des colons.

On sait que V. Hugues et Lebas exerçaient un pouvoir sans limites à la Guadeloupe; ces proconsuls trouvèrent que le général Pélardy ne se pliait pas facilement à toutes leurs volontés ; ils résolurent de le faire embarquer pour la France, le 2 juillet, afin de se débarrasser de lui. Il en était de même pour ceux qui pouvaient offusquer l'esprit des deux commissaires de la Convention. On ne plaisantait pas avec l'obéissance absolue, il fallait plier sous peine d'être brisé.

Le 14 brumaire (5 novembre 1795) vit naître la forme du gouvernement directorial en France et il fut décidé que les deux commissaires V. Hugues et Lebas prendraient le titre d'agents du Directoire.

Le cabinet anglais, effrayé des pertes que lui faisait éprouver V. Hugues par ses corsaires, mit en mer des armements considérables pour les réprimer et reprendre Sainte-Lucie.

1796. Un nouvel arrêté prolongea les fonctions des commissaires de 18 mois. Lebas, dont la santé était altérée par le climat, retourna en France au mois de mai;

V. Hugues n'ayant plus son collègue pour le contenir, se livra à la fougue de son caractère.

Il rétablit les droits de douane, et poussa la guerre de course sans ménagement jusqu'aux neutres, et finit par amener la mésintelligence et la guerre avec les Etats-Unis d'Amérique, qui alimentaient nos colonies dans ces temps difficiles.

Cette fâcheuse circonstance et les nombreuses dénonciations contre V. Hugues déterminèrent le Directoire à lui retirer ses pouvoirs et à lui donner pour successeur le général Desfourneaux pour dix huit mois, et le général Pélardy fut désigné pour commander les troupes sous ses ordres.

Ils partirent de Lorient sur les deux frégates la Volontaire et l'Insurgente, n'ayant avec eux que 128 hommes d'infanterie. A leur arrivée, V. Hugues chercha à éluder l'ordre relatif à son remplacement, il forma même un complot contre le général Desfourneaux ; celui-ci parvint à le déjouer à temps, et fit embarquer de vive force le récalcitrant V. Hugues ; il crut devoir aussi faire enfermer les partisans les plus remuants de cet agent du gouvernement,

Desfourneaux se voyant enfin maître du gouvernement, s'occupa de ramener l'administration à des formes légales ; il rappela les nègres à l'assiduité du travail et décida que les propriétaires paieraient aux nègres cultivateurs le quart du revenu des terres cultivées ; il voulut aussi réglementer les fermages des absents dans l'intérêt de l'Etat et des propriétaires. Ces mesures soulevèrent des réclamations et Desfourneaux sentant que le gouvernement pourrait bien le faire remplacer pour ses actes, fit signer une adresse aux officiers de la garnison pour justifier sa conduite ; et dans un repas, il dit que si le gouvernement envoyait un autre agent pour le remplacer, il repousserait la force par la force. Alors ses ennemis s'emparent de ce propos inconsidéré, l'enveniment aux yeux de la troupe, le dépeignant comme une trahison ; puis les officiers allèrent en faire leur rapport à la municipalité, qui ordonna son arrestation et son embarquement à bord d'un bâtiment partant pour la France.

Le procédé était violent pour un propos de table, et il prouve que dans ce pays les hommes s'impressionnent facilement et font peu de cas de l'autorité légale.

Le général Pélardy fut choisi pour son successeur et pris le gouvernement malgré lui, disant qu'il manquait de lumières pour gouverner, et demanda qu'une commission de trois membres lui fut adjointe pour l'aider.

1797. Peu après ces événements on fit publier la loi, du 25 octobre 1797, qui formait la Guadeloupe en département divisé en vingt sept cantons, et ayant la Pointe-à-Pitre pour chef lieu. Cette loi déterminait encore l'organisation administrative et judiciaire de la colonie.

1798. Le gouvernement décida l'envoi des trois agents du Directoire à la Guadeloupe, et devant rester en fonctions pendant 18 mois.

Bientôt on vit arriver Jeannet, Baco de la Chapelle et le général Lavaux, connu pour avoir été à Saint-Domingue. Ils arrivèrent, le 46 novembre, sur la frégate la Vengeance et la corvette le Berceau avec une compagnie d'artillerie.

Jeannet était adjudant général et frère du chef de brigade Pelage qui joua un grand rôle plus tard ; Baco avait pour aide-de-camp un mulâtre nommé Delgrès, chef de bataillon, homme d'une grande énergie, et qui devint plus tard aide-de-camp du contre-amiral Lacrosse.

Ces personnages furent bien accueillis, ils arrivaient dans un moment d'apaisement, de tranquillité. Les travaux de la campagne commençaient à renaître par l'effet de la rentrée des nègres dans leurs ateliers.

1799. Le général Bonaparte ayant renversé le Directoire, le 18 brumaire, et fait un nouveau gouvernement composé de trois consuls, les trois agents reçurent la confirmation de leurs pouvoirs avec le titre d'agents des consuls.

Tous les trois semblaient pénétrés du bien public; Jeannet et Baco résidaient à la Pointe-à-Pitre et le général Lavaux à la Basse-Terre, où ses qualités lui avaient acquis un grand crédit sur les gens de couleur ; mais les deux agents devinrent inquiets et jaloux de cette popularité.

1800. Au mois de mars, les deux agents Jeannet et Baco partent de nuit inopinément de la Pointe-à-Pitre, et arrivent à la pointe du jour à la Basse-Terre, ils réunissent les troupes et envoient le général Paris à la tête d'une compagnie de grenadiers pour arrêter Lavaux qu'on trouve pérorant dans une église devant des gens de couleur; on l'enlève et on l'embarque sur le champ pour la France, sans provoquer aucune démonstration de la part des habitants.

On se contenta de faire savoir à la colonie que Lavaux se faisait redouter par ses conciliabules avec les gens de couleur, en cherchant à leur donner l'élan de ceux de Saint-Domingue, ce qui était faux.

Vers ce temps, on ne sait trop pourquoi, les agents dirigent une attaque contre l'île de Curaçao appartenant aux Hollandais, alliés de la France ; elle fut repoussée et Jeannet qui la commandait eut à rendre compte de sa conduite en France devant un conseil de guerre qui l'acquitta.

Les agents gouvernaient avec sagesse : ils prirent des mesures contre le marronnage, la désertion dans les troupes et la marine ; ils sévirent contre toute atteinte à la propriété et maintinrent le calme dans la population. Baco de la Chapelle fut enlevé par la maladie du climat avec le chef du génie Daniau.

1801. Le gouvernement des consuls, en s'occupant des colonies, chercha des moyens pratiques, il voulait abandonner les doctrines et les théories impraticables pour les peuples, et pouvant conduire à la ruine d'un pays.

L'expérience avait démontré que le partage du pouvoir dans les colonies ne produisait que des déchirements et du scandale, en ôtant toute force morale à ceux qui en étaient dépositaires. On pensa remédier à cet inconvénient en séparant l'administration, la justice et l'autorité militaire. D'après ce principe, le gouvernement d'une colonie fut réparti entre un capitaine général, un préfet et un grand juge. Un règlement fut établi pour leur attribuer des fonctions indépendantes, et qui voulaient qu'ils pussent se succéder l'un à l'autre, si les circonstances l'exigeaient.

Mais ce système avait des inconvénients ; en partageant le pouvoir, il pouvait s'élever des rivalités. Un pouvoir doit être organisé de manière à ce qu'il puisse se suffire à lui même, surtout dans des colonies éloignées de la métropole. Il faut donc une puissance forte, pouvant faire le bien et réprimer le mal ; c'est là son prestige.

Les Anglais, qui ont de nombreuses colonies, n'ont jamais dévié de ce principe : l'unité de pouvoir a toujours été concentré dans les mains d'un gouverneur dont l'autorité est tempérée par des assemblées ou des consuls.

Un arrêté des consuls nomma le contre-amiral Lacrosse, capitaine général; le conseiller d'Etat Lescalier, préfet ; Coster, ancien magistrat, commissaire dé justice ; le général Bethencourt, commandant des troupes de la Guadeloupe.

Le capitaine général Lacrosse arriva le 29 mai 1801, il fut reçu avec des démonstrations de confiance qui devaient aplanir les difficultés d'une nouvelle organisation. Une première proclamation fit bon effet ; une seconde, du 5 juin, vint inspirer des craintes en annonçant qu'il existait des conspirations et des complots ; puis, dans la nuit suivante, quinze individus établis furent pris pour être déportés, et, plus tard, l'arrestation d'officiers de couleur excita une certaine fermentation. Il fallut la prudence du général Bethencourt et celle du colonel Pelage pour prévenir une insurrection; c'était dangereux de s'attaquer aux gens de couleur qui formaient la majeure partie de la force armée. Le mécontentement fut augmenté par la demande d'un emprunt à la Pointe-à-Pitre de 350 mille francs, et par l'intention d'en demander autant à la Basse-Terre. Cet emprunt, et l'approvisionnement de tous les magasins, conclu avec un fournisseur privilégié, excitèrent des murmures qui augmentèrent encore par la rentrée d'émigrés, auxquels les biens n'étaient pas rendus.

Sur ces entrefaites, le général Bethencourt vint à mourir, et par voie hiérarchique, le commandement des troupes revenait au colonel Pelage ; mais le capitaine général le réunit à son autorité, en ajoutant à son titre celui de commandant des troupes.

Ces mesures amenèrent des discussions, et des troubles agitèrent la colonie, la Basse-Terre en particulier où le capitaine général se rendit. A son arrivée il fit investir la ville qu'il mit en état de siège, casse la municipalité et ordonne des visites domiciliaires chez les hommes de couleur. Plusieurs furent traduits devant un conseil de guerre, il y eut des condamnations ; un mulâtre fut condamné à la peine de mort et fusillé.

Cependant l'ordre matériel n'était pas encore troublé, quoique la révolte fût dans les esprits. Le 21 octobre, il y eut une tentative à la Pointe-à-Pitre pour s'emparer des officiers de couleur sous prétexte de conspiration. On tente d'arrêter le colonel Pelage qui s'échappe ; il se-rendit au fort de la Victoire où toutes les troupes noires étaient réunies et en insurrection ; en même temps une compagnie s'empare en ville des officiers d'état-major et du commissaire général de police. Dans ce moment d'effervescence, le colonel Pelage pense à convoquer les notables habitants à la municipalité pour former une commission capable de l'aider de ses lumières en cette grave circonstance.

Le capitaine général, informé de ce qui se passe à la Pointe-à-Pitre, prit un arrêté déclarant le colonel Pelage hors la loi et tous ceux qui lui obéiront ; puis il se mit en marche pour revenir dans cette ville, tout en faisant continuer les arrestations à la Basse-Terre.

Pendant ce temps, les troupes de couleur proclament, au fort de la Victoire, Pelage général en chef ; il accepte ces fonctions dangereuses et cherche à les ramener à leur devoir, mais inutilement.

Les notables de la ville avaient décidé qu'on se rendrait au devant du capitaine général pour le fléchir et le prier de se montrer clément en accordant un pardon généreux pour éviter la guerre civile. Mais ils furent reçus avec hauteur et dureté, ils furent menacés d'être punis. Le colonel Pelage vint ensuite et fut aussi mal reçu que les notables; de sensibles reproches lui furent adressés sur sa conduite et les trahisons qu'on méditait contre son autorité, et il exigeait de lui et des officiers de couleur leur démission. Arrivé à la municipalité, le capitaine général continue ses menaces de sévérité envers tous ceux qui étaient présents, ce qui produisit des murmures d'indignation. A cet instant des troupes noires arrivent inopinément et s'emparent de sa personne pour la conduire au fort de la Victoire où la troupe noire était rassemblée; les soldats en le voyant poussent le cri de : à bas Lacrosse!; et le forcent d'entrer dans une prison.

Ce dernier événement se passa précipitamment, en quelques minutes, avec une entente qui ne laisse aucun doute sur la complicité des officiers et des soldats.

Après une humiliation aussi grande faite au capitaine général, il ne restait plus qu'une seule chose à faire : l'embarquer sur un navire partant pour France, c'est aussi le parti que l'on prit. Il fut remis à un bâtiment neutre qui devait le débarquer dans un port français.

La situation faite à la Guadeloupe après ces événements était peu rassurante, elle se voyait livrée à une force armée composée de plus de 4.000 noirs révoltés et bravant le petit nombre de blancs restés fidèles à leurs devoirs. Il y avait encore 2.000 marins noirs devenus oisifs depuis la paix avec les Etats-Unis; puis une multitude de nègres qui ne savaient où la liberté commence et où elle finit, trouvant un grand plaisir à jouir de la licence. Enfin tous ces petits blancs venant de France, gens sans aveu et sans famille, disposés à tout faire, excepté le bien.

On ne pouvait opposer à cette tourbe nombreuse que peu de gens honnêtes à différents degrés, et pris dans les blancs et les gens de couleur, formant une minorité impuissante qui manque presque toujours d'énergie, quand il est utile d'en avoir.

Les habitants donnèrent à Pelage le dangereux honneur du gouvernement avec une commission provisoire pour l'aider. On s'attacha à arrêter le progrès de l'insurrection, à calmer les esprits et à augmenter l'activité des travaux publics. On forma aussi un conseil colonial, le tout était provisoire. Ce nouveau gouvernement ainsi composé vota une adresse au premier consul pour l'assurer de son attachement à la France, et lui faire connaître la cause des événements qui avaient amené le renvoi du contre-amiral Lacrosse.

Pendant ce temps, il voguait en mer et faisait la rencontre d'un bâtiment de guerre anglais, le Thamer, qui le fit prisonnier et le conduisit à la Martinique, où le gouvernement s'apprêtait à le faire conduire en Angleterre, lorsqu'on eut avis de la signature des négociations du traité d'Amiens.

Dans cette situation, Lacrosse se fit conduire à la Dominique près de l'amiral Cochrane, qui le reçut avec bienveillance ; là il employait son temps à lancer des articles de journaux contre ses ingrats administrés de la Guadeloupe, dont il voulait faire le bonheur à sa manière, ce dont ils se souciaient peu.

A la Guadeloupe, Pelage eut à disperser un rassemblement de nègres, près de la Pointe-à-Pitre, qui voulait piller la ville ; trois chefs furent déportés à la suite de ce mouvement. D'autres troubles eurent encore lieu sur différents points de l'île ; l'habitation nommée Ducharmoy fut attaquée, et une famille de blancs fut massacrée par ces malheureux nègres aigris par le malheur et la misère du temps.

Ces désordres faisaient désirer la fin de cette situation provisoire, et le conseil, dans ce but, adressa, par plusieurs voies des protestations de fidélité au ministre de la marine et au premier consul, et pour mieux réussir, on fit prendre la mer à la frégate, la Cocarde, avec trois députés de la colonie, que l'officier commandant devait conduire dans un port de France, sans toucher à la Dominique, où se trouvaient Lacrosse, Lescalier et Coster. Mais en quittant la Pointe-à-Pitre, l'officier commandant fit voile pour la Dominique, où il livra les trois députés et les dépêches à Lacrosse.

Cette marche fâcheuse des affaires disposa mal les habitants en faveur du gouvernement de Pelage ; il y eut des émeutes qu'il fallut réprimer par la force, la prison et la déportation. Du reste, le caractère des mulâtres et des nègres se prête beaucoup à la révolte ; pour eux le meilleur état social, c'est de n'avoir aucun souci des lois.

VII

1802. Pendant que le mulâtre Pelage se débattait dans son gouvernement provisoire, la France préparait des armements contre Saint-Domingue et la Guadeloupe pour tâcher d'y détruire l'esprit de révolte, et ramener les habitants sous ses lois. L'expédition de Saint-Domingue était commandée par le général Leclerc et celle de la Guadeloupe par le général Richepanse.

On remarquera à cette époque deux choses bien opposées dans les idées et dans les faits relatifs à ces deux pays. A Saint-Domingue, Toussaint Louverture déploie toutes les forces possibles pour combattre les Français, tandis qu'à la Guadeloupe Pelage se propose de les bien accueillir.

L'escadre destinée à la Guadeloupe était commandée par le contre-amiral Bouvet ; elle était composée de 2 vaisseaux, 4 frégates, une flûte et 3 transports ayant à bord le général Richepanse avec 7.470 hommes de troupe d'infanterie, d'artillerie et de cavalerie. Elle entra à la Pointe-à-Pitre, le 2 mai 1802.

Une députation se rendit à bord pour protester de son dévouement à la métropole et se donner en otage, si le commandant de l'expédition l'exigeait. Le débarquement eut lieu avec sécurité au milieu des cris d'allégresse poussés par la population.

Les troupes coloniales furent passées en revue par le général Richepanse ; il fut satisfait de l'ordre et de la tenue des troupes auxquelles il parla en ces termes : « Les guerriers que je vous amène ont vaincu l'univers parleur obéissance, obéissez !.... Mon intention et de me rendre à la Basse-Terre, où je serais bien aise de vous avoir près de moi; en conséquence, j'ai ordonné que vous vous embarquiez de suite sur les frégates.»

La moitié de ces troupes s'embarquèrent avec confiance sur les bâtiments qui les attendaient, elles furent désarmées et mises à fond de cale. Le reste des troupes noires ne vit dans cette mesure qu'une indigne trahison de la part de l'autorité militaire, et s'empressa de fuir à la faveur de la nuit. Tous ces hommes étaient furieux contre Pelage, leur chef, pensant qu'il les avait trahis. L'alarme se répandit partout et Delgrès qui commandait à la Basse-Terre, se mit à la tête des révoltés.

Le général Richepanse fut mal conseillé de traiter ainsi les troupes noires, très susceptibles de leur nature ; avec de la douceur et des ménagements, il aurait pu en tirer un bon parti.

Pour tranquilliser les habitants, il leur adressa une proclamation, et partit ensuite pour aller réduire la Basse-Terre.

Cette ville était sous les ordres de Delgrès, ancien aide-de-camp de Lacrosse, qu'il avait abandonné à son malheureux sort pour se joindre, comme mulâtre, au parti des gens de couleur. Dans cette situation, il préféra lever l'étendard de la rébellion que de soumettre comme Pelage.

Il se hâte donc de concentrer des forces à la Basse-Terre, en faisant appel aux mulâtres et aux noirs ; il désarme les blancs et reçoit les noirs de la Pointe-à-Pitre ; enfin il se prépare à une défense vigoureuse.

L'escadre portant le général Richepanse et ses troupes fut accueillie par une décharge d'artillerie du fort et des batteries. Cependant on voulut tenter un moyen d'accommodement en écrivant à Delgrès; le capitaine Prudhomme et l'aspirant Losach furent chargés par le général en chef de la mission de se rendre près de lui; ils furent très mal reçus et retenus prisonniers. Alors l'ordre fut donné de débarquer pour repousser les troupes noires qui se retirèrent dans leurs retranchements. Le 11 mai, le général Richepanse traversa la rivière des Pères pour forcer les retranchements, tandis que le général Gobert et le colonel Pelage la traversaient à son embouchure et entraient dans la ville. Cette entrée soudaine sauva les habitants du pillage et de la mort.

Cette journée fut extrêmement pénible pour nos troupes, non habituées à combattre et marcher sous un ciel de feu comme celui des tropiques. On eut à regretter des morts et des blessés, et il fallait se hâter de prendre le fort St-Charles ; car on n'était pas en sûreté dans la ville que les insurgés pouvaient bombarder. Mais on ne pouvait rien entreprendre de sérieux avant l'arrivé du général Seriziat, qui était parti de la Pointe-à-Pitre par terre et avait vaincu les rebelles dans plusieurs rencontres. A son arrivée on put investir complètement le fort et commencer les travaux de siège. L'artillerie nécessaire fut débarquée et traînée à bras sur des mornes escarpés et les matelots organisés en compagnies travaillèrent aux tranchées.

Le 21 mai, les batteries commencèrent à tirer efficacement; de vigoureuses sorties se firent par les hoirs, et le 28 on perdit le capitaine du génie Ambrecère. Le 21 juin, les pièces de la défense se trouvèrent démontées, et les assiégés évacuèrent le fort à huit heures du soir, au nombre de 400 hommes.

Delgrès avait donné l'ordre de faire sauter le magasin à poudre, afin de faire périr 150 prisonniers qu'il avait, et d'écraser la ville par la projection des matériaux ; mais le capitaine Prud'homme et l'aspirant Losach avaient su se ménager des intelligences avec des officiers du fort. On leur ouvrit les portes de la prison au moment de la sortie de Delgrès, ils enlevèrent la mèche et parvinrent à mettre les autres prisonniers en liberté.

La conduite énergique de ces deux officiers sauva le fort et la ville ; ils furent comblés d'éloges par le général en chef, et certes ils le méritaient bien.

Le général Gobert et le colonel Pelage se mirent à la poursuite d'Ignace, qui commandait un parti de noirs, ils purent l'atteindre au moment où il se proposait de mettre le feu aux poudres des postes retranchés de Dollé ; on sauva 70 femmes et enfants blancs que cet homme féroce voulait faire périr. En se retirant, Ignace brûlait et massacrait tout ce qui se trouvait sur son passage ; il réduisit en cendre beaucoup d'habitations, le bourg des Trois-Rivières et le quartier de la Capstère.

On apprit bientôt que ce chef redouté menaçait la ville de la Pointe-à-Pitre à la tête de 400 hommes et d'une foule de nègres armés pour la saccager. Le général Gobert ne pouvant y conduire ses troupes exténuées de fatigues, prit le parti d'y envoyer Pelage pour organiser la défense et tenir Ignace en échec jusqu'à son arrivée. En effet, celui-ci voyant des forces arrivées pour la défense de la ville, se retira dans la redoute du Bambridge. Alors Gobert et Pelage l'y attaquèrent à 6 heures du soir; les troupes marchèrent résolument sur cette masse d'hommes qui se défendit intrépidement, sachant qu'il n'y avait point de quartier pour des brigands de leur espèce ; pour eux c'était une question de vie ou de mort.

Le résultat de ce combat acharné fut qu'il y eut 675 hommes de tués, parmi lesquels se trouvait Ignace, leur chef. On fit 150 prisonniers qui furent fusillés presque immédiatement après l'affaire. On ne jouait pas aux soldats à la Guadeloupe. On se battait vaillamment de part et d'autre.

Cette terrible expédition terminée, dans laquelle se jouait si facilement la vie des hommes, les troupes retournèrent à la Basse-Terre pour prendre part à un autre drame plus terrible encore que le précédent, ainsi qu'on va le voir.

Delgrès, es chef des rebelles, qu'il ne faut pas confondre avec Ignace et ses semblables, s'était retiré sur le morne appelé Matouba, à l'habitation d'Anglemont; position naturellement forte par son site abrupte et élevé, et à laquelle on avait fait des ouvrages de défense.

Le général en chef reconnut avec soin cette position d'un accès difficile et prit ensuite les dispositions nécessaires pour la faire enlever par ses troupes, qu'il mit en mouvement, le 28 mai, sur plusieurs colonnes.

On parvint à joindre les rebelles, malgré les obstacles du terrain et les postes détachés en avant. Le chef de bataillon Lacroix, avec un bataillon de la 66e demi-brigade, attaqua d'un côté pendant que le commandant Cambriels attaquait d'un autre, avec un autre bataillon du même corps.

Vers 4 heures du soir, Cambriels formant son bataillon en plusieurs colonnes, s'élança contre les rebelles sans tirer, ayant 30 hommes en tirailleurs, et au moment où l'attaque pénétrait dans les retranchements ennemis, les noirs se sauvèrent dans l'habitation d'Anglemont, mirent le feu aux poudres et sautèrent au nombre d'environ 400, parmi lesquels se trouvaient leur chef Delgrès et ses officiers, qui voulurent partager son sort.

Ce moment fut terrible par l'effet inattendu de cette explosion ; il y eut un moment de stupeur et d'anxiété, puis on reprit le combat qui se termina par la destruction des noirs échappés à la catastrophe.

Dans cette explosion violente, calculée à dessein, par Delgrès, les Français perdirent tous leurs tirailleurs qui étaient en avant commandés par le brave lieutenant Faquiant ; aucun deux ne put échapper à cette horrible vengeance des noirs entraînant la mort de leurs ennemis avec la leur !

Il est fâcheux que tant de courage aveugle ait été mis au service d'une aussi détestable cause que celle de la révolte ; mais il était impossible de faire autrement, les noirs étaient arrivés à un transport furieux de rage qui ne permettait aucun ménagement, c'était la bête fauve blessée à mort cherchant à se venger contre son ennemi!

Cette dernière affaire parvint à anéantir le parti des rebelles. Le général en chef accorda libéralement une amnistie à tous ceux qui voulurent déposer les armes et s'engager à rentrer dans leurs ateliers. Un petit nombre seulement de ces malheureux voulurent persister à rester en armes, pour vivre dans les bois comme des brigands.

Après ces événements, le général Richepanse put donner ses soins au rétablissement de l'ordre et de la légalité. Les émigrés purent rentrer, pour se faire réintégrer dans leurs biens sans distinction d'opinion. Les blancs et les hommes de couleur reçurent des armes pour défendre leur existence contre les vagabonds et former des compagnies de milice. On forma aussi une compagnie de 150 sapeurs pour le service des travaux du génie.

La crainte du retour des troubles lui fit aussi prendre une décision bien grave, celle de déporter 3.000 noirs en pays étrangers ; c'était priver l'île d'un élément de force vive pour les cultures, peut-être les aurait-on ramenés à la raison et au travail par la douceur et les bons traitements. Mais on fut inexorable pour ceux pris les armes à la main, ils furent mis à mort.

Enfin, le général en chef prit un bon parti en arrêtant le cours sanglant des exécutions, et en proclamant l'oubli du passé comme étant le plus sûr moyen d'arriver à une solide pacification. Il y avait eu assez de victimes ayant payé de leur sang cette affreuse révolte.

Les émigrés rentrés dans leurs foyers auraient dû s'estimer heureux de les revoir ; au contraire, ils s'abandonnèrent à leur caractère irritable pour s'occuper de vengeance contre la population noire. Aussitôt reparurent les assassinats et les incendies. Pour y remédier, Richepanse publie une proclamation dans laquelle il assure que la liberté ne recevra pas d'atteinte. Celte mesure ne suffisant pas pour calmer la réaction, on arrêta les membres de l'ancien conseil et différents notables de la Pointe-à-Pitre, pour les envoyer en Franco, avec 32 officiers de couleur, qui devaient être mis à la disposition du ministre de la marine à leur arrivée en France.

Les quatre membres de l'ancien conseil étaient Pelage, Frosans, Piaud et Corneille ; à leur arrivée à Brest, ils furent détenus comme prisonniers et transférés à Paris où ils demandèrent en vain à être mis en jugement. Leur demande ne produisant pas d'effet, ils prirent le parti de publier un mémoire justificatif de leur conduite, ce qui n'empêcha pas le gouvernement d'alors de continuer leur détention arbitraire jusqu'au 26 novembre 1803. Ces malheureux subirent ainsi seize mois de prison.

Le gouvernement voulant avoir le dernier mot vis-à-vis de sa colonie, avait décidé que l'amiral Lacrosse serait réintégré, pour un mois, dans ses fonctions, en réparation de l'offense faite à l'autorité par les habitants, qui forcèrent ce gouverneur à se rembarquer pour la France ; c'était une vengeance puérile, pour un gouvernement, de vouloir ressusciter un fonctionnaire, mort par l'effet de ses sottises.

Ce qui était beaucoup plus grave, c'était le rétablissement dans les îles du principe aboli par la Convention sur l'esclavage. Une loi, du 20 mai 1802, rétablissait l'esclavage de la race noire, c'était une faute, un retour malheureux vers le passé qui eut un retentissement jusqu'à St-Domingue : pour les nègres de cette île, ce fut un motif de vaincre ou de périr dans la lutte qu'ils soutenaient contre la France.

La Convention était allée trop vite dans l'émancipation des noirs, qui n'étaient nullement préparés à ce grand acte ; mais le gouvernement de l'époque n'avait aucune raison valable pour leur ôter la liberté, c'était une violation de la loi humaine et des promesses faites à la race noire. On pouvait organiser le travail pour les empêcher de se livrer au vagabondage, mais on devait respecter la liberté qui leur avait été donnée par la Convention.

La restauration de l'autorité avait coûté la vie à un grand nombre de militaires, dévorés par un climat destructeur et les fatigues de la guerre. Le général Ceriziat venait d'expirer, et le brave et digne général de Richepanse était aussi arrivé au bout de sa carrière. Victime des fatigues et des soucis du commandement, de la saison de l'hivernage et de la fièvre jaune, il succomba en 17 jours, le 3 septembre 1802, encore à la fleur de l'âge, ayant assez vécu pour sa gloire et pas assez pour le pays qu'il gouvernait.

Le gouvernement de France, touché de cette perte cruelle, décréta, le 30 mars 1803, que le fort St-Charles, où ses restes étaient déposés, porterait le nom de fort de Richepanse. Le commissaire Coster mourut bientôt après, et le brave général Gobert fut obligé de repasser en France pour rétablir sa santé ébranlée. Il s'en suivit que le commandement des troupes arriva jusqu'au général Ménard.

Par la mort de Richepanse, le pouvoir revint à l'amiral Lacrosse, dont la position se trouvait singulièrement délicate vis-à-vis de ses administrés. Si cet homme avait eu le sentiment de sa fausse position, il aurait demandé sa rentrée en France depuis longtemps; mais son esprit dominateur le poussait à tout tenter pour ressaisir son autorité. Hélas ! c'était une erreur de caractère qu'on aurait dû lui faire apercevoir pour son amour propre.

Ce fut vers cette époque que l'on créa un corps de chasseurs, composé de jeunes créoles, pour combattre les noirs retirés dans les bois. Le commandement en fut confié à M. de Vermont. On mit à prix la tête de ces malheureux nègres ; cette mesure dégénéra en abus par la cupidité des hommes qui se livraient à cette chasse.

Lacrosse, toujours irritable, emporté et défiant, se créait à chaque instant des affaires désagréables ; il était surtout susceptible quand l'on tenait des propos contre lui. Dans une réunion d'officiers on parla d'une manière peu agréable pour sa personne et son autorité, il se crut outragé. Pour s'en venger, il lit saisir ces officiers, le général Ménard entre autres, et les fit embarquer à bord du vaisseau le Jemmape pour être transportés en France. Il menaça de traiter ainsi tous ceux qui lui feraient opposition.

Les hommes qui avaient vu revenir Lacrosse au pouvoir, et qui avaient de la haine ou de l'antipathie s'entendirent pour conspirer contre lui. Ils pensèrent qu'il fallait recommencer ce qui avait réussi en 1801. Une conspiration se forma donc à Ste-Anne, et éclata le 6 octobre ; ceux qui en faisaient partie se réunirent en criant : mort aux blancs !, puis se portèrent sur vingt habitations différentes, tuant tous les blancs qu'ils y trouvaient. Après avoir commis toutes ces cruautés, ils se portèrent sur Ste-Anne dont ils ne purent s'emparer.

Le capitaine général Lacrosse s'étant rendu sur les lieux, prit un arrêté pour établir un tribunal spécial dans le but de juger ceux qui avaient pris part à cette levée de boucliers. A cette occasion, il écrivit une lettre au président de ce tribunal, le chef de bataillon Danthouars, de l'artillerie, où l'odieux se le dispute à l'absurde. Cette lettre se terminait ainsi : « Vous penserez donc comme moi, « citoyen, que le supplice de la potence n'expiera « point assez le crime de ces assassins que la loi « condamne à la peine de mort ; ils doivent être « rompus vifs et expirer sous la roue. » Et cela s'écrivait à une époque où l'on cherchait à rétablir la société ébranlée sur la double base de l'humanité et de la justice !

Il y eut de ces malheureux révoltés qui furent pendus, d'autres roués ou étranglés. On parvint ainsi par la terreur des supplices à maintenir le calme dans la population noire jusqu'à la fin de l'année, qui devait aussi voir la fin du règne du capitaine général Lacrosse.

Ce récit paraîtrait incroyable de nos jours, s'il n'était puisé dans les écrits du temps, et l'on ne peut expliquer un pareil abus de pouvoir que par une aberration d'esprit de celui qui exerçait une tyrannie semblable, et aussi par un manque d'attention de la part de ceux auxquels le gouverneur était subordonné.

On voit que cette année de 1802 est remplie d'événements importants. L'arrivée du général Richepanse suivie d'actes de sévérité contre les troupes noires ; la révolte de Delgrès à la Basse-Terre, la prise du fort St-Charles et le combat de Màtouba où les noirs se firent sauter par la mine plutôt que de se rendre. La déportation de 3,000 noirs, la mort du général Richepanse et la suppression de la liberté des noirs.

En détruisant l'œuvre de la Convention, la liberté des noirs, qui avait été faite sans examen, sans préparation aucune, comme pour satisfaire une fantaisie politique à l'avantage d'une cohue de nègres grossiers; ce n'était pas un motif pour abolir ce qui avait été fait, car l'impression morale de cet acte devait être immense, et retentir dans cet archipel peuplé en grande partie par cette race. C'était surtout à St-Domingue où l'effet devait produire un grand mal ; attendu que dans cette île la révolte était générale contre l'autorité; et elle devait décupler ses forces par la haine contre ceux qui leur préparaient des fers; c'est ce qui a été cause de la perte de cette belle et grande colonie.

À la rigueur, on aurait pu continuer le système de V. Hugues qui employait chacun suivant ses aptitudes particulières ; celui-ci était soldat, celui-là ouvrier des villes, cet autre cultivateur à la campagne et rémunéré convenablement. Cet emploi des noirs était rationnel et praticable; ceux qui n'auraient pas consenti à cet arrangement auraient été contraint à exécuter des travaux publics.

Il semble que cette organisation eut été préférable que d'ôter à ces hommes la liberté à laquelle l'homme tient autant qu'à la vie. D'un autre côté, ceci veut dire que le nègre abandonné à lui-même n'est ni laborieux, ni économe, qu'il n'a point l'esprit d'initiative qui distingue la race blanche, et qu'il ne saura jamais se gouverner ni travailler. St-Domingue est un exemple frappant de décadence, où de révolution en révolution ce pauvre pays est arrivé à une dégradation sans pareille, tout en étant maître de la contrée la plus riche du monde, et qui avait atteint une grande prospérité sous le régime de la France. La fertilité de la terre, l'extension du commerce, le nombre de colons et des habitations avaient amené un mouvement d'affaires de plus de deux cent millions dont profitaient nos ports et notre marine. Aujourd'hui il n'y a plus de finances organisées pour faire face aux dépenses, plus de transactions commerciales; l'Etat est rempli de dettes dont il ne peut pas même payer les intérêts, n'ayant point de ressources budgétaires. La république d'Haïti donne un triste spectacle au monde en prouvant qu'elle ne sait pas se gouverner.

VIII

1803. Le général Ernouf ayant été nommé à l'emploi de capitaine général, le 8 mars 1803, le ministre de la marine presse son départ pour la Guadeloupe, dans le but évident de rappeler au plus vite le contre-amiral Lacrosse dont l'impopularité n'avait fait que grandir dans cette île, et pouvait amener de fâcheuses conséquences. D'un autre côté, la paix avec l'Angleterre se maintenait avec peine et l'on pouvait prévoir que la rupture ne se ferait pas attendre longtemps ; or, il devenait dangereux de laisser l'une de nos importantes colonies entre des mains inhabiles à la gouverner.

L'arrivée du général Ernouf, qui eut lieu le 8 mai 1803, fut saluée par la population avec enthousiasme ; elle espérait un meilleur avenir dans ses destinées, et eut pour effet de produire tout de suite un apaisement dans les esprits irrités.

Le gouvernement des consuls, qui s'occupait de réorganiser l'administration en France, n'oublia pas les colonies ; et par un arrêté du 24 mars 1803, une Chambre d'agriculture fut créée; elle était composée de cinq membres et pour en faire parti il fallait être âgé de 25 ans, et propriétaire d'une habitation de quarante noirs. Cette Chambre avait pour mission de s'occuper de l'amélioration de l'agriculture et de faire connaître les causes qui pouvaient la faire progresser ou l'entraver.

Plus tard, on organise aussi les tribunaux sur le système de ceux de France, il fut créé un tribunal d'appel composé de neuf juges et d'un président ; un tribunal de première instance à la Basse-Terre, un autre à la Pointe-à-Pitre et un troisième à Marie-Galante.

Le gouvernement de France ayant proclamé une amnistie en faveur des émigrés, le nouveau capitaine général voulut faire jouir de ce bienfait ceux des colonies, en les rétablissant dans leurs propriétés ; et à cette occasion, il leur fut accordé un sursis pour les dettes contractées, afin de prendre des arrangements avec leurs créanciers.

La paix intérieure étant assurée, les habitants se mirent au travail et aux affaires. Les gens de couleur libres avaient abjuré une ambition déplacée, et les noirs, subjugués par la force, étaient rentrés paisiblement dans leurs ateliers. Tout promettait de rendre heureux le pays qui aspirait à la tranquillité et au repos, lorsqu'on apprit la rupture du traité d'Amiens.

En jetant un coup d'œil dans le passé, on trouve que les traités de paix n'ont été que des trêves avec l'Angleterre pour se préparer par des intrigues de cour à reprendre les hostilités au moment le plus favorable à sa politique et à ses intérêts. Dans cette circonstance on remarquera que, suivant les habitudes perfides de celte nation, lord Wilwouth, ambassadeur d'Angleterre, n'avait pas encore quitté Paris que les hostilités étaient commencées sur toutes les mers. Nos navires, trop confiants, qui revenaient dans nos ports, sur la foi des traités, furent saisis dans toutes les mers, par la marine britannique, comme cela avait eu déjà lieu dans les guerres maritimes précédentes.

La France à cette nouvelle pousse un cri d'indignation d'un bout à l'autre de son territoire, elle offre des trésors, des soldats et des marins pour venger son honneur outragé. Boulogne reçoit des flottes qui font trembler l'Angleterre et l'oblige à chercher une puissance qui recevra le choc pour elle; c'est l'Autriche qui se laisse gagner par son or pour être vaincue par la célèbre campagne de 1805 avec la Russie qui venait à son secours.

La perte de Saint-Domingue fut le premier succès de notre ennemie. Elle court attaquer Sainte-Lucie qu'elle enlève malgré la vigoureuse défense du général Noguès à qui les maladies n'avaient laissé qu'une poignée de soldats. Elle prend ensuite Tobago, rocher sans défense où commandait le général César Berthier. Voyant qu'elle ne peut s'emparer de la Martinique et de la Guadeloupe, elle se contente de les faire bloquer par ses vaisseaux.

La guerre avec l'Angleterre enthousiasme la population de nos deux îles ; les habitants aident aux apprêts de la défense, et les milices sont souvent réunies pour s'exercer au maniement des armes. La Guadeloupe est mise en état de siège et le capitaine général prend le titre de général en chef. Il établi près de sa demeure de Mont-Repos un baraquement de troupes dans le but de les avoir sous la main et de les préserver des maladies.

L'amiral sir Cochrane, qui avait épousé une créole, reçoit l'ordre de quitter l'île et d'aller soupirer loin de l'objet de ses amours ; sa femme n'ayant pas voulu le suivre.

Le capitaine général prit une excellente mesure, ce fut celle d'accorder une amnistie aux noirs fugitifs dans les mornes et les bois ; ils rentrèrent presque tous chez leurs maîtres pour reprendre leurs occupations ordinaires.

Les croisières anglaises, en rompant les relations directes avec l'Europe, n'empêchaient pas les relations avec les neutres à qui on ouvrait les ports et où ils accouraient pour commercer. C'est ainsi qu'on vit flotter le pavillon des Etats-Unis, celui des Espagnols, des Suédois et des Danois dans nos ports pour y apporter des marchandises et remporter des denrées coloniales. Mais cette prospérité fut de courte durée, notre île n'était plus cette pépinière de vaillants hommes qui surent lutter contre l'étranger avec Victor Hugues, en créant des ressources extraordinaires sur terre et sur mer.

Vers la fin d'août, le capitaine général voulut tenter une attaque sur Antigoa pour y détruire un atelier de construction d'une grande importance. A cet effet on réunit au port de Deshayes, dix goélettes armées en course devant recevoir un bataillon d'infanterie, plusieurs compagnies d'hommes de couleur et une centaine de blancs. Les Anglais en furent instruits, et envoyèrent contre cette expédition la frégate l'Emeraude, accompagnée d'un brick et d'une goélette. L'attaque se fit, le 15 septembre 1803, à 11 heures du soir, par les chaloupes de l'ennemi qui souffrirent beaucoup, plusieurs furent coulées à fond ; néanmoins l'expédition française fut dispersée sur la plage où elle avait été réunie et une partie des bâtiments furent incendiés.

Le préfet Lescalier, qui avait l'administration intérieure, agissait de son mieux pour la répartition des charges publiques, qui consistaient dans la capitation des esclaves, l'impôt sur l'industrie et les maisons des villes. Les douanes furent mises en régie, parce que cet impôt est variable. Ces ressources étant insuffisantes pour faire face aux dépenses, il en chercha d'autres. Les nègres provenant des prises faites sur les Anglais, et répandus sur les habitations de l'île, étant la propriété de l'Etat, furent vendus aux agriculteurs, puis il exigea aussi la rétribution imposée par les lois sur les affranchissements qui avaient eu lieu antérieurement.

Ces dispositions justes en elles-mêmes, mirent ce préfet en butte à de sourdes menées contre lesquelles il ne voulut pas lutter, il demanda sa rentrée en France, et fut remplacé provisoirement par M. Roustenecq.

1804. Le premier consul venait d'être porté au trône par la volonté nationale, le 18 mai 1804. Les Français s'étaient empressés de lui prêter serment de fidélité. Le pape Pie VII, cédant à l'influence de l'époque, traverse les Alpes et la France pour venir sanctifier le couronnement du nouveau Charlemagne.

Ces nouvelles portées aux colonies y produisirent un enthousiasme général. Les colons pensaient que celui qui ramenait le règne de l'ordre, de la justice et des lois, avait bien le droit à leurs sympathies et à leur reconnaissance.

Les corsaires de la Guadeloupe célébrèrent cet événement à leur manière en déployant un grand courage contre les forces britanniques qui leur ont été opposées. Parmi ces combats brillants qu'ils soutinrent, il faut citer celui du capitaine Lamarque comme une exception digne d'éloges. Le navire qu'il montait ne portait que six canons de 6 et son équipage de 75 hommes, quand il aperçut, le 15 juillet, la corvette anglaise la Lily, de seize canons de 12 et ayant 105 hommes d'équipage. En manœuvrant pour s'approcher du bâtiment ennemi, le capitaine Lamarque prêta le flanc de son navire, et dirigea si bien son feu qu'il tua beaucoup d'hommes à l'ennemi en lui faisant en même temps des avaries majeures. Dans cette situation il accoste, saute à l'abordage avec ses hommes et s'empare de la corvette qu'il conduit en triomphe à la Basse-Terre. Ce n'est pas tout : ce bâtiment, monté par vingt hommes seulement, est conduit aux Saintes pour être réparé de ses avaries. Les Anglais cherchèrent à la reprendre en envoyant la frégate la Galathée faire une attaque de nuit avec des chaloupes ; mais le commandant des Saintes, Madier, se tenait sur ses gardes en renforçant la Lily de 30 soldats. Les ennemis furent foudroyés dans leur attaque et obligés de rétrograder par suite des pertes qu'ils éprouvèrent.

Ces succès, qui avaient leur importance matérielle el morale, en excitant le courage de nos marins, n'était que le prélude d'événements plus importants.

1805. Dans le mois de février, on fut fort étonné de voir les croisières anglaises se retirer de nos côtes précipitamment, de fuir comme des oiseaux de proie qui veulent éviter des chasseurs à leur poursuite ; la cause en fut bientôt connu ; c'était l'arrivée à la Martinique de l'escadre de l'amiral de Missiessy, qui rendit la mer libre jusqu'après son départ des îles, qui eut lieu à la fin de mars ; puis les Anglais revinrent croiser sur nos côtes jusqu'au mois de mai suivant où l'escadre de Villeneuve arriva aussi à la Martinique pour balayer de nouveau sur mer les bâtiments anglais.

Dans l'histoire de la Martinique, il a été raconté ce qui a rapport à ces deux escadres pendant le temps qu'elles passèrent dans les îles; on n'y reviendra pas. On dira seulement qu'en juin on vit arriver à la Guadeloupe des frégates françaises pour y déposer des troupes et du matériel, et annonçant que l'escadre dont elles faisaient partie avait repris le large pour retourner en Europe, où elles devaient rallier l'amiral Villeneuve ; que cette escadre devait opérer contre les Anglais pour dégager l'entrée de Brest où se trouvaient bloqués 22 vaisseaux français.

Après le départ de l'escadre de Villeneuve, les Anglais déployèrent de grandes forces autour de nos îles. Plusieurs de nos corsaires tombèrent entre leurs mains ; mais comme ces bâtiments ennemis ne pouvaient pas toujours tenir la mer, le commerce intérieur et extérieur n'en souffraient pas trop.

Pour subvenir aux besoins toujours croissants, il fallut créer un impôt additionnel qui fut acquitté sans le moindre murmure. On avait d'ailleurs confiance dans le capitaine général qui avait l'estime de tout le monde. Au moyen de ce revenu, les gardes nationales furent dispensées du service personnel.

Cependant les plaintes portées à Paris par le préfet Lescalier avait porté leurs fruits, le général de brigade Kerversan, connu par la guerre qu'il avait faite à Saint-Domingue, et ses talents administratifs, fut nommé préfet colonial et il arriva en juillet 1805.

L'administration suivit sa marche ordinaire, on rendait justice à son intégrité ; mais on n'aimait pas sa manie de faire des arrêtés et des règlements qui donnaient prise à la critique. Il vint à circuler des écrits offensants contre le préfet, et le commissaire de justice Bertholio, qui en était l'auteur, fut découvert, arrêté et chassé de la colonie.

1806. Au commencement de l'année l'administration établit un impôt de 250 mille francs pour réparer les fortifications et dont le capitaine général se réservait l'emploi ; c'était un tort, en matière d'impôts il faut toujours que la lumière se fasse, sur les recettes et dépenses pour éviter les soupçons et les critiques ; mais à cette époque on n'y regardait pas de si près.

Au mois de février on eut à déplorer une expédition mal concertée. Le chef d'état-major du capitaine général passa aux Saintes à la tête de 60 hommes pour s'embarquer de nuit dans le but de se rendre à la Dominique surprendre des bâtiments marchands anglais richement chargés; mais le gouverneur de cette île, prévenu à temps, fit cerner les deux bâtiments français et enlever ceux qui en faisaient partie. Tous les hommes furent faits prisonniers et leur échange refusée, à cause de ce genre d'attaque. Les Anglais les firent conduire en Angleterre pour périr sur ces affreux pontons de Plymouth.

Peu de temps après cette fâcheuse affaire, le capitaine général envoya un chef de bataillon et 150 hommes avec de l'artillerie à Caracas, ville capitale de la province de Venezuela en terre ferme. Ce détachement était envoyé en qualité d'auxiliaire pour plaire aux habitants qui voulaient se donner à la France et secouer le joug espagnol, mais le gouvernement français refusa cette offre.

Cette affaire était conduite par le fameux Miranda, qui ne put réussir dans son entreprise. Ce détachement revint à la Guadeloupe sur des bâtiments que le général Ernouf envoya pour le transporter.

En décembre, le bruit se répandit d'une prochaine attaque des Anglais. Une proclamation du capitaine général appela tous les habitants aux armes, en ordonnant que chaque habitant amènerait quatre de ses nègres avec lui, pris parmi les plus dévoués.

Ces nègres furent enrégimentés et employés aux travaux des places pour le service de l'artillerie et du génie; malheureusement ils furent loin d'être fidèles; beaucoup d'entre eux désertèrent dans les bois et finirent par inspirer des inquiétudes ; il fallut établir des postes sur les lisières des forêts pour se garantir de leurs excursions contre les habitations isolées qu'ils cherchaient à piller.

1807. L'empereur Napoléon était occupé à dissoudre la coalition du nord dont la Suède faisait partie, le général Ernouf voulant tirer parti de la situation de la Suède à notre égard, prépara une expédition contre l'île de St-Barthélemy, qui appartenait à celte puissance et gardée par quelques soldats de cette nation. Mais comme il ne voulait pas s'affaiblir en conservant cette conquête facile, il se contenta d'y envoyer deux de ses corsaires, chargés de troupes qui débarquèrent dans l'île sans coup férir et y restèrent pendant 24 heures. L'expédition revint à la Guadeloupe chargée des dépouilles de l'ennemi ; les plus riches étaient celles du juif Isaac, accusé d'avoir fourni des armes et des munitions aux nègres de St-Domingue.

1808. L'amiral, sir Alexandre Cochrane, commandant la croisière anglaise dans nos parages, vint fixer sa station dans le courant de février près des îlots à l'est de la Guadeloupe. De cette position il envoya une frégate et deux bricks, le 2 mars, à Marie-Galante faire des vivres frais pour ses équipages. L'expédition ne trouvant que peu de résistance s'empara de l'île, et Cochrane vint y prendre son mouillage.

Cette perte occasionnée par l'incurie du général Ernouf, amena beaucoup de mécontentement dans l'île. L'autorité fit arrêter et conduire en prison quatre personnes innocentes ; elles étaient accusées d'avoir communiqué avec les Anglais venus à Ste-Rose pour y faire de l'eau ; mais comme il n'existait pas de preuves de culpabilité contre elles, on les relâcha à l'exception du sieur Busquet qui mourut en prison.

Le capitaine général prenait en même temps deux arrêtés pour parer à la situation, l'un proclamant la mise en état de siège de l'île et l'autre que la connaissance des crimes et délits se rapportant à la trahison serait réservée aux conseils de guerre.

La situation de la Guadeloupe devenait de jour en jour plus grave par l'effet de la rigueur du blocus, et faisait naître des inquiétudes qui pesaient sur l'esprit des habitants. Cependant on était disposé à se défendre vigoureusement si l'on était attaqué, et l'important était d'avoir une bonne direction partant d'un chef ferme et résolu ; mais malheureusement cette fermeté et cette résolution manquaient ainsi que le prouvera la suite de cette histoire.

Le 31 mars, la croisière anglaise se présenta devant la Désirade ; la garnison, composée de 11 hommes, fit feu pendant deux heures et capitula ensuite. Cette île entre les mains de l'ennemi resserrait davantage le blocus de notre île, en interrompant les atterrages des navires venant d'Europe.

L'établissement des lépreux de la Désirade fut détruit par ordre de l'amiral Cochrane et les malheureux qui en faisaient partie furent conduits sous pavillon parlementaire à la Pointe-à-Pitre dans le but d'infecter les habitants, qui furent indignés de tant de mépris de l'humanité. On fut obligé de les reléguer à bord d'un ponton pour éviter toute communication avec ces malheureux.

Les Anglais firent, à cette époque, une attaque sur l'île St-Marlin, occupée par moitié avec les Hollandais, qui ne réussit pas. Le lieutenant anglais, Spearingy débarqua avec 200 hommes, mais le capitaine Preuil, du 66e, qui n'avait, que 43 soldats, se tenait sur ses gardes; il se défendit vaillamment en tuant le lieutenant anglais et une partie de ses soldats, le reste fut forcé de se rendre à discrétion. .

Lorsque le chef de l'Etat fut, informé de la perte de Marie-Galante et de la Désirade, il en témoigna son mécontentement au général Ernouf, qui voulut essayer de reprendre Marie-Galante ; mais il employa des moyens insuffisants qui ne permirent pas de réussir dans cette entreprise. Il aurait été bien plus simple de prime abord de mettre une garnison capable de la défendre.

Le colonel Cambriels, commandant le 66" régiment à la Guadeloupe, fut chargé de cette triste opération. Il s'embarqua avec 150 soldats, 13 canonnières et 200 fusils dans 15 pirogues. Contrarié par les vents, il est obligé de relâcher à Ste-Anne ; une embellie arrive et lui permet de reprendre la mer avec sa flottille qui est surprise par un brouillard épais et la disperse. Enfin il put prendre terre le 23 août au matin, avec huit pirogues seulement. Peu à peu il parvient à rallier son monde et un certain nombre d'habitants avec lesquels il marche en trois petites colonnes sur le Grand-Bourg dans l'espoir d'enlever le fort qui se trouve défendu par 400 hommes et armés de canons.

Après de vains efforts de la part des Français, il fallut songer à la retraite, car les Anglais arrivaient avec cinq vaisseaux, trois frégates et huit corvettes pouvant mettre à terre une force considérable. La position de notre petit corps était désespérée : exténué de fatigues et de besoins, se battant sans relâche contre 1600 hommes pourvus de tout, et appuyés par une marine considérable. Une plus longue résistance devenant impossible, nos malheureux soldats se virent réduits à mettre bas les armes et à se rendre prisonniers.

Le colonel Cambriels croyant devoir se soustraire à cette humiliation, prit le parti de consulter les deux capitaines qui étaient avec lui, sur sa détermination; puis confia le commandement au plus ancien et quitta sa troupe, le 2 septembre, à 10 heures du soir. Conduit par des guides sûrs, il alla s'embarquer dans un petit canot à deux rames pour revenir à la Guadeloupe.

Le lendemain le détachement, réduit à 147 hommes, après une lutte de douze jours contre 1600 Anglais, se vit contraint de capituler contre des forces supérieures qui augmentaient sans cesse.

Cette affaire regrettable porte à se demander comment le capitaine général Ernouf avait pu prendre sur lui d'ordonner une semblable expédition avec des forces si minimes, sans s'être assuré d'avance de la situation des Anglais par une reconnaissance préalable exécutée par un officier chargé de guider ensuite l'expédition, si elle était praticable. Agir autrement c'était s'attirer un échec et vouer à une perte certaine nos malheureux soldats ; mais le reproche capital, c'était celui de n'avoir pas mis Marie-Galante en état de résister aux Anglais, qui s'en sont emparés sans difficulté.

Celte conduite du capitaine général indique clairement son manque de capacité et de réflexion et qu'il ne savait rien des choses de la guerre ; car envoyer une expédition de 150 hommes pour reprendre un fort défendu par de l'artillerie et 400 hommes est une faute grossière qui devait ruiner la confiance qu'on pouvait avoir en lui.

IX

1815. Cette année vit naître de grands événements en Europe et dans nos colonies des Antilles. On sut d'abord assez vaguement au mois de mai que l'Empereur Napoléon était débarqué en France, puis des bâtiments du commerce apprirent enfin son arrivée à Paris.

Le nouveau ministre de la marine Decrès avait envoyé en mission dans les Antilles, le capitaine de l'Agile, goélette de guerre ; arrivé à la Guadeloupe, ce navire fut arrêté par les croiseurs anglais et conduit aux Saintes à l'amiral Durham, qui le fit relâcher. Le capitaine de l'Agile aborda la Basse-Terre et débarqua avec la cocarde tricolore à son chapeau, quoique son navire eut conservé son pavillon blanc, il se présenta au contre-amiral Linois, gouverneur, pour lui remettre ses dépêches, et fut mal reçu. Le colonel Boyer, les militaires et les habitants s'émurent de l'arrivée de ce navire de guerre, qui apportait la nouvelle officielle du changement de gouvernement en France.

Le colonel Boyer, gouverneur en second, demande au contre-amiral Linois défaire reconnaître le gouvernement de l'Empereur, celui-ci refusa. Alors le colonel Boyer se rend à la Pointe-à-Pitre, fait prendre la cocarde tricolore au 62° de ligne, malgré l'opposition du colonel Vatable et arrive à la Basse-Terre, le 18 juin, pour forcer le gouverneur à se prononcer pour l'Empereur et donne en même temps l'ordre d'arrêter les principaux fonctionnaires de la colonie.

Le lendemain, 19 juin, le gouverneur ayant consenti à se rallier au nouveau gouvernement, fait une proclamation pour engager les militaires, les fonctionnaires et les habitants à se ranger sous le drapeau tricolore.

Le comte de Vaugirard, gouverneur de la Martinique, avait été nommé par Louis XVIII gouverneur général des îles du Vent, il était donc le supérieur du contre-amiral Linois; c'est de concert avec l'amiral Durham, commandant la flotte anglaise, qu'ils convinrent d'envoyer des troupes anglaises à la Guadeloupe pour conserver cette île aux Bourbons; cette proposition ayant été refusée par Linois, le gouverneur général prononce alors sa destitution avec éclat.

Les Anglais voyant la tournure des affaires, s'emparent des Saintes et de Marie-Galante, ce qui oblige Linois à prendre des précautions contre eux en mettant l'île en état de siège.

Les habitants n'aimaient pas les Bourbons, encore moins les Anglais qu'ils ont toujours détestés et combattus; ils accueillirent donc ces dispositions avec satisfaction en se préparant à la défense.

Pendant ce temps, il se passait de graves événements en Europe qui tournaient contre nous. On perdait la bataille de Waterloo, le 18 juin, et la France était envahie de nouveau par les armées de la coalition. Ces mauvaises nouvelles arrivèrent avec une rapidité inouïe, puisque l'amiral anglais put annoncer, dans les premiers jours d'août, aux autorités et aux habitants la chute de Napoléon Ier et la rentrée à Paris de Louis XVIII.

Profitant habilement du trouble et de la stupeur jetée dans les esprits par l'annonce de ces fatales nouvelles, l'amiral anglais propose à Linois de remettre l'île sous l'autorité légitime des Bourbons ou bien de s'attendre à être traité en ennemi. La sommation ayant été repoussée, la flotte anglaise arriva, le 8 août 1815, vers l'anse du Sauveur, à 16 kilomètres de la Basse-Terre, où le débarquement s'effectua sans trouver une grande résistance. Cette opération était dirigée par le général sir James Leith, commandant en chef les troupes britanniques, qui reçut le lendemain du débarquement des propositions de la part du gouverneur. On convint de la capitulation qui fut signée, le 10 août 1815, par le contre-amiral Linois et Boyer de Peyreleau, commandant en second.

Aux termes de cette capitulation, les officiers et soldats étaient prisonniers de guerre et renvoyés en France, pour être mis à la disposition du duc de Wellington.

Tous les établissements militaires furent remis aux Anglais ; ils exigèrent même les drapeaux, les aigles et les armes de la garnison. Le 62° de ligne fut embarqué sur des bâtiments anglais et conduit au Havre, où il se fit remarquer par sa bonne conduite dans cette ville. Quelque temps après un ordre du ministre de la guerre prescrivit son licenciement, et le trop fameux général Donnadieu fut chargé de cette opération, le 4 novembre 1815.

Le général Leith, en rendant compte de la prise de la Guadeloupe à son gouvernement, eut la triste fantaisie de dire que la fête de Napoléon devait être célébrée par l'exécution à mort de royalistes, et que l'on devait se féliciter de voir cette île arrachée en deux jours aux fureurs des Jacobins.

La France ayant succombé dans une lutte inégale à Waterloo, on sentait qu'il était inutile de faire une grande résistance à ceux qui se présentaient au nom du gouvernement des Bourbons polir défendre un coin de terre perdu dans l'immensité de l'Atlantique. Il eh aurait été autrement si les événements eussent été favorables : le gouverneur et la population eussent agis suivant leur courage et leurs ressources en se défendant vigoureusement.

Le général Leith et le contre-amiral Durhâfn jugèrent à propos, aussitôt la signature dé la reddition, d'adresser au gouverneur Linois une proclamation pour les habitants dans laquelle ii était dit que le gouvernement britannique accordait toute espèce d'appui à celui dû roi et que des offres de services ayant été rejetés par les hommes" qui ont trompé les habitants, ils sont vends avec dès forces formidables pour mettre la Guadeloupe sous la protection dé S. M. Britannique , et qu'ils n'en sont pas moins alliés du légitime gouvernement de France, et qu'en conséquence ils invitent les Français à Se rallier autour d'eux.

En rendant compte de la situation, ils disent encore: « Bonaparte a été défait à Waterloo par lord Wellington et le prince Bluker dans une grande bataille, le 18 juin, il a été forcé de fuir, et voyant sa position désespérée il a abdiqué. Les alliés envahissent la France de toutes parts et seront bientôt maîtres d'imposer la paix. Les milices et les autres habitants en armes sous le pavillon tricolore déposeront les armes pour retourner chez eux. Tous ceux qui resteraient en armes seraient transportés hors de la colonie pour « être emprisonnés. »

Les noirs armés pour la défense de l'île n'obéirent pas tous à la proclamation, et un grand nombre préférèrent se retirer dans les bois pour y vivre à leur fantaisie. Ils attaquaient les Anglais souvent avec succès et donnaient beaucoup de peine à ceux chargés de les poursuivre.

Un jour, les noirs firent une violente sortie des bois et tuèrent une vingtaine de soldats anglais du 6e régiment des Indes occidentales. Le colonel Brown se mit à leur poursuite avec une force considérable conduite par des colons. On finit par les joindre, les cerner et en en prendre 350 qui furent transportés hors de la colonie.

A sa rentrée en France, le contre-amiral Linois demanda au gouvernement à être traduit devant un conseil de guerre pour se justifier de la nécessité, dans laquelle il s'était trouvé, de suivre le mouvement imprimé par l'effet de la rentrée de Napoléon Ier à Paris. Un rapport ayant été fait au roi sur cette affaire, il fut décidé, par ordonnance, qu'un conseil de guerre serait formé pour examiner la conduite du contre-amiral Linois et celle du colonel Boyer de Peyreleau. Après plusieurs séances tenues par ce conseil, Linois fut acquitté des charges qui pesaient sur lui ; mais le colonel Boyer fut condamné à la peine de mort, laquelle fut commuée en vingt années de détention.

Ainsi finit ce drame curieux de la réaction, de l'effet produit sur les esprits par le retour de Napoléon à Paris en 1815. Ce retour étrange frappa les imaginations ici comme en France: au fond, c'était par amour du pays qu'il fut accueilli et par haine de l'étranger. On espérait que nos vaillants soldats reprendraient en Europe une revanche éclatante sur les alliés qui avaient osé souiller notre sol en 1814. Hélas ! il n'en fut rien, notre malheureux pays dut encore une fois expier la conduite impolitique du grand capitaine qui ne sut pas s'arrêter à l'apogée de sa puissance et conserver la grandeur de la France.

Par suite de l'état de guerre, les cultures ayant été négligées, il y eut de la misère et de la cherté dans les denrées alimentaires. Alors le général Leith, gouverneur, publie une proclamation annonçant que les vaisseaux anglais étaient autorisés à apporter en franchise des approvisionnements pendant trois mois à partir du 10 septembre 1815.

1816. La tranquillité était revenue dans l'île, les noirs avaient renoncé à la troubler par des attaques malheureuses contre les troupes anglaises. Le général Leith était gouverneur et avait fixé sa résidence à la Basse-Terre ; il était d'un caractère assez doux et se relâchait volontiers des rigueurs inutiles contre les habitants ; mais il n'aimait pas qu'on se récriât contre l'occupation anglaise. Dans cet ordre d'idées il n'y avait pas à reprendre, puisqu'il était dans son rôle de maître et que les colons n'étaient que ses serviteurs par le droit de conquête. On attendait avec impatience le jour où l'on serait débarrassé de ces étrangers incommodes dont l'occupation pesait fortement sur le pays par les dépenses et les fournitures qu'ils exigeaient.

On apprit enfin que le gouvernement français s'était occupé de la colonie, et que par ordonnance du 11 mai 1816, il avait nommé le comte de Lardenoy, gouverneur ; Foulon d'Ecolier, intendant; le maréchal de camp Valable, commandant en second, et enfin Roustagnenc, ordonnateur. De ces personnages, il n'y avait que le gouverneur qui ne connaissait pas le pays, les autres y avaient déjà été employés. Pour ne parler que du général Vatable, on doit se rappeler qu'il commandait l'année dernière le 62e de ligne en garnison à la Guadeloupe, et qu'il avait eu des démêlés avec l'adjudant général Boyer.

Le gouverneur de Lardenoy arriva en juillet pour prendre possession de son gouvernement et il fut convenu avec le général Leith que cette île serait remise au gouvernement du roi, le 25 du même mois. En effet, le général anglais fit pour ce jour là une proclamation aux habitants en termes très courtois, il disait qu'il ne voulait pas quitter le pays sans lui témoigner tout l'intérêt qu'il lui portait, et qu'il faisait des vœux pour sa prospérité et son bonheur.

Ce brave gouverneur avait tenu à se concilier l'esprit des colons pendant son séjour par une conduite juste et équitable, il était en outre bien aise de leur laisser un souvenir de sa sympathie; était-ce un calcul de sa part ou un effet naturel d'un loyal caractère ; c'est ce qu'on ne saurait dire, toujours est-il certain que l'on se quittait en bons termes.

A son tour, le nouveau gouverneur voulut parler aussi aux habitants, et par une proclamation, il s'efforce de leur faire voir les avantages du gouvernement du roi qui donnait la paix, la sécurité au lieu de la guerre et de ses inquiétudes. Il engage la population à se livrer aux travaux de culture du sol, au commerce qui donnent la prospérité ; puis changeant de langage, il ajoute que si son espoir était trompé, et que si des esprits turbulents, des factieux cherchaient à troubler le pays, il a les moyens nécessaires pour les empêcher d'exécuter leurs desseins et de les punir.

La tâche du nouveau gouverneur n'était pas facile à remplir au commencement, il fallait réorganiser tous les services : l'administration intérieure, la justice, les douanes, remettre en bon état les bâtiments civils et militaires, les fortifications et les routes. Il fallait aussi, dans l'intérêt des transactions commerciales, diminuer les impôts, celui des douanes surtout qui pesait lourdement sur les importations et les exportations. C'était donc un régime d'affaires qu'il fallait inaugurer. Et pour aider les colonies sous ce rapport, le ministre de la marine d'alors, M. Dubouchage, fit décider par les Chambres qu'un fonds de six millions serait affecté au service des colonies, lequel fonds viendrait en déduction des douanes, pour faciliter les transactions entre la France et les diverses colonies.

A propos de cette allocution faite par la Chambre des députés et malgré la mauvaise situation financière de la France qui venait de supporter une invasion et endurait la famine, quelques députés demandaient que le régime politique et administratif des colonies fut modifié dans un sens libéral. Il faut convenir que ce n'était guère prudent et utile; le moment était bien mal choisi pour cela. Il fallait d'abord songer à se relever des ruines et de la misère faites par un gouvernement qui n'avait pensé qu'à faire la guerre pendant tout le temps de sa durée, et dont les intérêts des peuples étaient le moindre de ses soucis. Il fallait penser aussi que les habitants des colonies avaient plus besoin de s'occuper de leurs intérêts matériels après l'occupation étrangère qui les avait ruinés, que de s'occuper de réformes politiques ; mais les utopistes sont de tous les temps!

1817. Une ordonnance du gouverneur de Lardenoy et de Foulon d'Ecotier, intendant, du 31 janvier, décide un point de droit important en faveur des personnes habitant la France ou les colonies, ayant des créances à recouvrer dans ce pays.

Les propriétaires de culture avaient presque tous été obligés d'abandonner leurs établissements pendant la Révolution par suite des effets de guerre, de révolte ou de politique. Il leur fut accordé à leur rentrée d'émigration en 1802 un sursis provisoire aux engagements qu'ils avaient contractés envers leurs créanciers avant les événements de 1793. Ce sursis, prorogé plusieurs fois, ayant expiré en 1812, il fut rendu à celte époque une ordonnance qui modifiait l'exercice des droits des créanciers contrée les débiteurs en les subordonnant à des voies de conciliation, et en même temps affranchissant en partie les produits provenant des sucres, des sirops, et du rhum des planteurs.

Cet état de chose ayant duré plus de quatre ans, et les débiteurs ayant eu le temps de prendre des mesures pour liquider leurs dettes, il a été nécessaire de rétablir le cours ordinaire de la justice, sans laquelle il ne peut y avoir ni confiance ni crédit entre les hommes.

En conséquence, l'ordonnance du 21 décembre 1802 et les articles additionnels du 13 novembre 1813, sont révoqués, et les droits des juges sont rétablis en ce qui concerne le code civil sur les paiements en général.

Cette mesure était juste au fond ; mais elle devait déplaire aux planteurs qui sont généralement gênés dans leurs affaires et grevés de dettes, qu'ils laissent accumuler sans chercher à les éteindre. Cela provenait aussi de la constitution particulière de la propriété. Une habitation se compose de bâtiments, de nègres logés dans des cases, de terres cultivées et de bois; elle ne peut se partager entre les héritiers quand il y a succession, parce que cette habitation forme un tout; il faut donc que l'un des héritiers se charge de l'exploiter et paie la part aux autres, ce qui est toujours très difficile; c'est la cause de la masse des dettes à cette époque, dans nos deux colonies.

Le ministre de la marine prend le parti de modifier le système de gouvernement des colonies suivi depuis 1814, en supprimant les intendants, les conseils supérieurs et les sénéchaussées qui n'ont plus de rapport avec le genre de gouvernement de la métropole.

Il réunit dans les mains des gouverneurs les pouvoirs civils et militaires. En conséquence, le gouverneur de Lardenoy prend le titre de gouverneur et d'administrateur pour le roi. Il est assisté dans sa tâche d'un conseil de gouvernement dont les membres sont choisis et renouvelés à son gré. Ce conseil n'a que la faculté d'émettre des avis, qui peuvent n'être pas suivis par le gouverneur ; mais, dans ce cas, sa responsabilité se trouve engagée vis-à-vis du gouvernement du roi.

Cette nouvelle organisation n'offre aucune garantie aux populations pour la gestion de leurs affaires, reposant simplement sur le caractère du gouverneur qui dispose de tout ; elle ne pouvait les intéresser que médiocrement.

Pendant la saison de l'hivernage, la fièvre jaune ayant reparue avec une assez grande force, attaque les gens du pays aussi bien que les européens, les médecins crurent lui reconnaître le caractère contagieux d'endémique qu'elle est ordinairement dans ces parages. On fit prendre dans les ports de France des précautions sanitaires contre les provenances de l'Amérique où elle existait. Il n'y avait pas que nos colonies qui en étaient infectées, elle avait paru aussi à Cuba, à la nouvelle Orléans et à Chalestown.

Jusqu'ici des doutes s'étaient élevés sur la propriété contagieuse de celte maladie, le ministre do la marine, M. Dubouchagc, crut devoir, dans l'intérêt général, consulter la Faculté, de médecine de Paris.

Un rapport étendu fut établi pour prouver que la fièvre jaune était endémique aux Antilles pendant la saison de l'hivernage et qu'elle pouvait dans certaines années pénétrer dans les navires du commerce à la manière des fièvres contagieuses et être importée en Europe; que dans ce cas on doit regarder la contagion comme probable, et qu'il est utile de prendre des précautions pour garantir les ports de mer de ce fléau.

Moreau de Jonnès, raconte un fait remarquable à cet égard. L'équipage d'un bâtiment anglais, venant d'Europe et exempt de tout soupçon de maladie, fut pris par le brick français le Palinure, venant de la Martinique où existait la fièvre jaune. Le bâtiment anglais fut aussitôt infecté de cette maladie et bientôt sur 60 prisonniers Anglais 22 moururent ; la plupart avaient eu le vomissement noir, signe caractéristique de l'état le plus intense de la maladie, et qui, selon plusieurs observations, est l'époque de la contagion la plus critique.

Lorsque cette maladie devient épidémique dans les villes, l'inquiétude et l'épouvante se répandent dans la population : les affaires courantes sont suspendues, chacun cherche à s'en garantir par la fuite en allant respirer un air plus salubre sur les hauteurs environnantes. Il ne reste plus alors que les fonctionnaires, les marins et le gros de la population sur qui elle sévit avec fureur ; c'est le moment critique pendant lequel elle fait le plus de ravages.

1821. On a expliqué, dans l'histoire de la Martinique et à la même date, les motifs de la création d'un comité consultatif pour chaque colonie, en vertu de l'ordonnance du 22 novembre 1819. Ce comité était destiné à remplir près des gouverneurs à peu près le même rôle que les conseils généraux près des préfets en France. La formation a lieu au moyen d'une liste triple présenté au roi qui choisit neuf membres dont les fonctions durent trois ans. Cette fois les personnes désignées par le chef de l'Etat furent MM. Merion, Le Brumont, Gondurée, Le Dentu, de Duberceau, D'Arboutier, Reizet, Lacroix et Bacquié.

D'après la même ordonnance, le département de la marine, sur la proposition du gouverneur, soumettait aussi à la nomination du roi, une liste de trois candidats pour choisir un député devant former le comité des colonies près le ministre. M. de Vaublane déjà ministre d'Etat, fut choisi par le roi. Cette fonction durait trois ans et donnait un traitement de 24.000 fr., pris sur les fonds de la colonie, avec résidence à Paris.

Depuis cinq ans que l'on jouissait de l'état de paix, on s'apercevait des avantages qu'elle donnait : les cultures, le commerce des denrées coloniales avaient progressé sensiblement. On voyait plus de navires dans les ports et particulièrement à la Pointe-à-Pitre, qui est celui où se font les affaires les plus considérables de la colonie.

Il manquait cependant une chose essentielle à cet état de prospérité, le numéraire pour les transactions était rare. Les pièces de monnaie étaient espagnoles: il y avait la gourde en argent valant un peu plus de cinq francs, le doublon d'or valant quatre-vingt huit francs ; la monnaie française de un franc, de deux francs et de cinq francs, n'était pas commune ; quant à la pièce de vingt francs c'était une fiction. Pour avoir de la menue monnaie en argent, on avait imaginé de diviser une gourde en quatre parties; chaque partie, ayant une forme triangulaire, valait un quart de gourde, à peu près un franc vingt cinq centimes.

La comptabilité commerciale était tenue en livre, sous et derniers, c'était une valeur fictive comme la livre sterling, la livre coloniale valait soixante centimes.

1823. Cette année, le gouverneur, comte de Lardenoy, après un séjour qui datait de 1816, est remplacé par un officier général de la marine, le vice-amiral Jacob.

Au commencement de son gouvernement le comte de Lardenoy eut des difficultés à vaincre: d'abord la reprise de possession, l'apaisement des esprits divisés par la politique, la réorganisation des services de l'administration et relever la colonie de la ruine et de la misère par le travail. Il fit des efforts pour rétablir la confiance et le crédit qui n'existaient plus à son arrivée, et dont l'utilité était indispensable pour faciliter les transactions commerciales.

Cette tâche avait bien son mérite, et il sut l'accomplir avec fermeté et ménagement. A son départ, le pays était tranquille et prospère, et son successeur n'avait plus qu'à continuer à faire fonctionner le mécanisme gouvernemental.

L'amiral Jacob eut, dès le début de ses fonctions, à faire intervenir la justice contre des employés qui n'avaient pas craint d'engager l'honneur et l'équité de leur administration.

Cette affaire importante, pour la moralité publique, consistait dans des fraudes commises par des employés de la douane ; elle fut déférée au procureur général par le directeur de ce service.

La cour royale rendit un jugement, le 30 août 1823, contre 14 employés du port de la Pointe-à-Pitre qui abusaient de leurs positions pour soustraire des sommes assez importantes au Trésor public et aux particuliers au moyen de fausses déclarations dans les écritures.

Le scandale produit par les faits à charge, le nombre et la position des individus accusés, et l'importance du service, exigeaient un débat devant la justice d'où devait jaillir la lumière et la punition des coupables.

Plusieurs accusés furent acquittés et d'autres condamnés à des peines plus ou moins fortes. Un extrait du considérant de la Cour a été inséré dans le Moniteur de 1824 et donne des détails sur les acquittements et les condamnations.

X

1840. La situation du pays était agitée par l'effet de l'affranchissement des esclaves des îles anglaises d'où partaient des excitations nuisibles aux intérêts des planteurs. Un certain nombre d'esclaves avaient quitté leurs ateliers pour passer à la Dominique, située à 8 lieues de la Guadeloupe ; d'autres se rendaient sur les habitations, pour entraîner leurs camarades au marronnage. Il suffisait pour cela de quelques mauvaises têtes s'inspirant du mal pour déranger les hommes faibles. Cependant les affranchissements qui avaient lieu auraient dû leur faire prendre patience, mais ils trouvaient sans doute que le système employé offrait trop de lenteur à leur impatience.

Il ne faut pas oublier que le caractère des nègres les porte à rester inerte, à ne rien faire, ou bien de vaguer à leur fantaisie et de ne produire que juste ce qui leur est nécessaire pour vivre. C'est à ce genre de vie qu'ils aspirent, en grande partie, et l'on comprend l'utilité de n'accorder la liberté qu'à ceux qui peuvent par leur activité morale et physique se rendre dignes de vivre clans une société libre.

Dans cette situation, le gouverneur était obligé de veiller à la sécurité publique en combinant un service de surveillance qui était fait par la milice, la gendarmerie et les soldats de la garnison. Mais d'autres intérêts devaient être portés devant le conseil colonial convoqué en session ordinaire à la Basse-Terre,

M. Jublin, gouverneur, en ouvrant cette session a prononcé un discours dont voici les points les plus importants :

«Messieurs, l'époque de votre session est arrivée, cependant j'aurais désiré attendre pour vous convoquer le moment où je me serais vu en mesure de porter à

votre connaissance le résultat définitif des discussions ouvertes devant les Chambres sur l'un de vos plus grands intérêts. Mais l'hivernage approche à grands pas et retarder la réunion du conseil, c'était exposer le budget à ne pas recevoir la sanction de S. M.

«Ce que nous savons dès à présent de la marche de ces discussions est de nature à relever nos " espérances; si justice entière ne doit pas nous être rendue encore cette fois, un pas immense aura été fait. Le sucre indigène n'élève plus la prétention d'exclure vos produits des marchés de la patrie commune ; malgré les efforts de ses nombreux et habiles partisans, la loi va consacrer en grande partie les bienfaits de l'ordonnance de dégrèvement. Mais les choses n'en resteront pas là, croyez-le bien; au point où en est arrivé le débat, tout a été dit en faveur de la production rivale. Toutes les ressources de sa défense ont été accumulées, épuisées, elle n'a pu prévaloir contre les intérêts de la marine, de l'industrie, du commerce et du Trésor. Honneur à ceux qui ont embrassé la noble mission d'éclairer l'esprit public sur ces grands intérêts dont le triomphe encore momentanément suspendu ne peut manquer d'être complet dans un avenir très rapproché !

« Cette session ne vous tiendra pas bien longtemps éloignés de vos foyers. Le budget de l'année prochaine et quelques décrets d'intérêt local vous seront seuls présentés. »

Quelques jours après l'ouverture de cette session, elle fut ajournée, par le motif que le gouvernement aurait plus tard des communications importantes à' faire au Conseil,

A cette époque il existait des craintes de guerre en Europe. Une coalition menaçait de se former contre nous, au sujet de la guerre d'Egypte contre la Turquie. La France voulant soutenir la politique du vice-roi d'Egypte contre son suzerain, l'Angleterre, au contraire, s'était prononcée pour la Turquie, elle avait entraîné dans sa politique les autres cabinets de l'Europe qui faisaient mine de vouloir pousser les choses jusqu'aux limites extrêmes.

La seconde session du conseil colonial a été ouverte, le 5 novembre 1840, par le gouverneur Jubelin, qui fait un long discours dont on donne une analyse.

La gravité et l'importance des affaires à communiquer expliquent suffisamment les motifs de dissolution du dernier conseil; seulement il était regrettable de renvoyer à une autre époque le vote du budget de 1841.

Le conseil colonial devra prendre à sa charge l'entretien des routes et faire les fonds nécessaires. On devra examiner le compte des recettes et dépenses pour l'exercice de 1839.

Un service de police de terre et de mer a été organisé pour la tranquillité, et empêcher les noirs de quitter leurs ateliers. Il sera nécessaire de compléter le service de la poste aux lettres dans toutes les communes.

Le gouvernement a décidé que le temps était venu d'entreprendre les réformes des institutions qui nous régissent actuellement, et il ne reste plus désormais que le choix du système le plus propre à l'accomplissement de cette grande mesure pour réorganiser sans détruire : voilà la tâche que le gouvernement s'est imposé. Il sait combien il importe au succès de son entreprise d'obtenir et conserver le concours des colons, que l'on vous demande aujourd'hui pour l'éclairer dans sa marche en déposant dans vos délibérations le tribut de vos lumières, votre expérience des hommes et des choses.

«L'Etat actuel de l'Europe a mis le gouvernement dans le cas de pourvoir à la défense des colonies. Des mesures efficaces ont été prises pour mettre entre les mains de l'autorité les moyens d'assurer la tranquillité intérieure. »

La situation des colons se trouve embarrassée par l'incertitude d'un avenir peu rassurant : d'un côté, la libération des noirs, de l'autre, la perspective d'une guerre maritime avec l'Angleterre. En vérité cette situation n'était rien moins qu'attrayante. Bouleverser la société coloniale dans ce moment pour satisfaire de vaines théories d'humanité en faveur d'une classe d'individus si peu méritants, c'était compromettre le pays qui avait montré un grand attachement à la France, dans des circonstances critiques; qu'on trouve donc dans le sein de la patrie un département, une province même qui ait su faire autant de sacrifices pendant la période héroïque de la première dévolution ?

1841. M. le contre-amiral Jublin, après un séjour déplus de quatre ans, avait demandé à être remplacé; M. le capitaine de vaisseau Gourbeyre, gouverneur de la Guyane française, est nommé pour lui succéder.

Le nouveau gouverneur arrive à la Basse-Terre, le 15 juin 1841, à bord de la Triomphante, les navires et une batterie de la rade lui rendent les honneurs. A son débarquement, il est conduit en cortège au champ d'Arbaud, où la milice et les troupes de la garnison étaient réunies. M. Jubelin, après s'être placé au centre, a fait reconnaître M. Goubeyre comme gouverneur de la Guadeloupe et de ses dépendances.

Avant son départ pour la France, M. le contre-amiral Jubelin jugea convenable de faire ses adieux aux habitants, par une proclamation dans laquelle il témoigne les sentiments qu'il éprouve pour eux, et il promet que son éloignement ne refroidira ni ses voeux ni son zèle pour la prospérité de la colonie.

Les autorités et les habitants notables lui adressèrent à leur tour l'expression de leurs sentiments de regrets occasionnés par son départ.

Après ces échanges de politesses vint le tour des affaires : la session du nouveau conseil colonial est ouverte, le 1er juillet 1841, par le contre-amiral Gourbeyre, gouverneur, qui prononce un discours dans lequel il expose les affaires de la colonie qui seront le sujet des délibérations du conseil colonial, et appelle son attention sur quelques nouveaux points ; par exemple, sur la nouvelle loi financière, du 25 juin 1841, qui dispose que les recettes et dépenses font partie des recettes et dépenses de l'État, et par ce motif font partie de la comptabilité générale du royaume ; et sur un projet de décret qui a pour but de donner une organisation réglementaire au service de la poste aux lettres. Il appelle aussi l'attention du conseil colonial sur l'acte important relatif à la nomination des deux délégués de la colonie, près le ministre de la marine, à Paris.

Le conseil colonial rédigea une réponse au discours du gouverneur, et qui mérite une place entière ici, comme exprimant les idées de l'époque sur le peu de stabilité des mesures prises par le gouvernement de la métropole à l'égard des colonies. Voici ce discours :

« *Monsieur le gouverneur, de nos jours le pouvoir est environné de tant de difficultés que ceux que leur mérite et la confiance du roi y appellent ont droit à notre reconnaissance autant qu'à notre respect. Puisse notre concours vous en faciliter l'exercice !*

«*En reportant notre pensée sur l'administration qui vient de finir, vous nous fournissez l'occasion de manifester les sentiments de la colonie à l'égard de votre honorable prédécesseur. Des vertus privées et publiques qui inspirent l'attachement et l'estime, l'économie dans les finances, l'ordre et la célérité dans l'expédition des affaires, une mesure hardie qui nous à sauvés ou qui du moins a reculé notre ruine, voilà ce qui explique les regrets laissés parmi nous ; nous avons quelquefois différé d'opinion sur des questions de la plus haute importance, mais ses intentions étaient pures.*

« *Nous retrouvons en vous, Monsieur le gouverneur, les garanties que peuvent offrir la loyauté de caractère, les lumières de l'expérience. Avant de prendre part à l'administration des colonies, vous nous étiez signalé parmi leurs défenseurs en traitant une des questions qui les intéressent le plus. Vous avez combattu avec nous et pour nous. Notre concours ne sera que la continuation d'une ancienne alliance.*

« *Le projet de loi dont vous nous entretenez, n'est pas seulement un changement dans notre système financier, c'est l'abrogation de la loi du 24 avril 1833, la suppression des conseils coloniaux. Nous n'avons pas été consultés ; cela se conçoit : on ne consulte pas ceux que l'on voue à la destruction!*

« *Ce projet sera-t-il consacré par le pouvoir législatif de la métropole ? Est-ce pour la dernière fois que la colonie fait entendre sa voix par l'organe de ses mandataires ? Payer et se taire, est-ce là le sort que lui réserve la France constitutionnelle ?*

« *Depuis longtemps le sort des colonies, Monsieur le gouverneur, est d'être livré au doute et à l'incertitude : lois civiles, tarifications des sucres, état social, constitution politique, tout est à l'état de problème ; et cependant les premières bases de la prospérité d'un pays sont la sécurité et la confiance. Sans ces éléments, quels succès peuvent obtenir nos efforts et les vôtres ?*

« *Quoi qu'il en soit, nous remplirons nos devoirs jusqu'au bout, et vous pouvez compter que nous examinerons avec attention les budgets des services et les divers projets de décrets qui nous seront présentés.*

> « L'élection des délégués, nous le pensons comme vous, est un acte important, solennel, sur lequel la patrie à les yeux ouverts. La sagesse de vos paroles est comprise, et notre patriotisme, auquel on ne s'adresse jamais en vain, répondra à votre appel. Les vrais interprètes de nos besoins, ceux qui comprennent le mieux l'intérêt colonial, sont en effet les hommes du pays, et c'est surtout parmi eux que nos suffrages iront chercher nos représentants près du gouvernement du roi. »

Le gouverneur, Gourbeyre, répondit à cette adresse, ce qui suit :

« Messieurs, je ne partage point les craintes du conseil relativement aux modifications proposées dans notre système financier ; je ne puis reconnaître une pensée de destruction dans les motifs qui ont donné naissance à ce projet. Tel n'est pas le but, telle n'est pas la conséquence de la loi nouvelle.

« J'ai foi dans l'avenir, parce que la métropole ne renoncera jamais aux relations utiles qu'elle entretien avec ses colonies. J'ai foi dans l'avenir, parce que votre cause se lie étroitement aux plus chers intérêts de la France, parce que la fortune coloniale ne peut être mise en péril sans dommage pour la richesse nationale, sans préjudice à notre puissance maritime.

« Je remercie le conseil colonial des sentiments qu'il m'exprime. Je serai heureux si mon administration, comme celle qui l'a précédée, répond aux espérances des braves habitants de la Guadeloupe. »

1842. La situation des colonies à esclaves devenait de jour en jour plus critique, et l'on n'avait pas l'air de s'en apercevoir en France ni au ministère de la marine et des colonies, où l'on hésitait d'aborder franchement la question économique concernant l'égalité de l'impôt des sucres des deux provenances pour sauver les colonies d'une ruine totale. On ne savait pas non plus se prononcer définitivement pour un système d'affranchissement d'esclaves; les colons étaient tenus de la sorte dans un état de doute fort préjudiciable à leur influence morale et à leurs intérêts ; cette question était suspendue sur leurs têtes comme une autre épée de Damoclès. Que veut-on? Le gouvernement craignait d'être désagréable à tout le monde, il n'était pas libre de ses mouvements : les députés, la presse et une partie du public criaient contre lui, comme si un gouvernement issu de l'opinion publique n'avait pas le droit de vivre sans être obligé de défendre chaque jour son existence contre les partis. Dans cette position difficile il lui fallait céder bien des choses qui, lui - étant ses moyens d'action, l'empêchaient de faire le bien ; car au point de vue colonial, les ministres voyaient bien que nous n'avions pas le même intérêt que les Anglais à proclamer l'abolition immédiat de l'esclavage. Nous n'avions pas comme eux les grandes Indes avec 180 millions d'individus travaillant à bas prix pour produire des denrées coloniales. Ce n'était certes pas par philanthropie qu'ils étaient amis des noirs des Antilles, mais bien par un profond calcul mercantile ; ce qu'il y avait de fâcheux, c'est que beaucoup de gens ne paraissaient pas s'en apercevoir en France. Oh, l'ignorance ! C'est une plaie sociale 1 En ce qui regarde la liberté des esclaves, ce qu'il y avait de plus simple à faire, c'était le rachat des enfants à partir d'un certain âge, où ils pouvaient être formés à une vie nouvelle, les instruire et les mettre en apprentissage où ils prendraient le goût du travail ; ensuite les nègres intelligents, bons sujets, ayant de la famille et y étant attachés; mais quant à la masse inerte et sauvage, elle devait terminer sa carrière dans la position où elle se trouvait en usant envers elle de procédés humains, comme cela a lieu aujourd'hui.

En France on faisait grand bruit au sujet de cette question : beaucoup de gens en parlaient comme des aveugles parlent des couleurs, parce qu'ils s'en rapportaient plus à leurs sentiments qu'à la raison. Ils s'en allaient criant que l'esclavage devait disparaître entièrement dans un pays libre, sans tenir compte des difficultés économiques, et sans s'apercevoir qu'ils avaient autour d'eux des masses de nègres blancs travaillant deux fois plus pour gagner leur pain quotidien l Est-ce que les usines, les fabriques, le sol n'exigent pas des travailleurs qui dépendent d'un maître qu'on enrichit ! Est-ce que tous les hommes ne sont pas esclaves de leurs besoins, et par conséquent du travail qui est une loi de nature !

1843. Un grand désastre, comme il s'en présente trop souvent dans ces pays à bouleversements terrestres, a frappé la Guadeloupe entière, le 8 février 1843.

La ville de la Pointe-à-Pitre, surprise à 10 heures 35 minutes du matin, par un affreux tremblement de terre, a été renversée de fond en comble. Tout à été jeté bas : les monuments, palais, maisons, cases à nègres, rien n'est resté debout ! Le tremblement de terre a duré 70 secondes en plusieurs oscillations qui produisaient des effets de destruction. Le malheur a voulu qu'après la chute des maisons, le feu vint ravager les débris sous lesquels étaient ensevelis des habitants qu'on se hâtait de secourir comme on pouvait, craignant de les voir périr par l'horrible supplice du feu; mais, malgré tout, il] est resté un grand nombre de victimes sous les décombres, d'où on a pu sortir plus de 1.500 blessés.

Des malheureux, ne pouvant se dégager des ruines sous lesquelles ils étaient ensevelis, voyaient toute chance de salut s'enfuir, le feu venait achever l'œuvre de destruction ! Des jeunes filles, des femmes, des vieillards à moitié enterrés par des blocs de muraille, demandaient en vain des secours qu'il était impossible de leur porter, le feu s'avançait en vagues furieuses et finissait par les engloutir ! Quel affreux spectacle !

La violence de l'incendie était devenue si grande, qu'elle forçait à s'éloigner ceux dont le courage et le dévouement aurait pu être d'une grande utilité, en préservant des infortunés d'une mort horrible !

L'église s'est écroulée, seule, la façade est restée debout avec son cadran marquant 10 heures 35 minutes, cette heure fatale à une population entière, cette heure de l'éternité et do l'anéantissement d'une grande ville!... Le silence de la mort avait succédé aux bruits tumultueux de la vie. Le pauvre, le riche, l'homme libre, l'esclave étaient couchés dans la même tombe, et les reflets rougeâtres de l'incendie éclairaient ces vastes funérailles!

Voilà donc les débris d'une triste population : riche hier, aujourd'hui sans pain, sans logement, heureusement que le roi et la France ont de bons sentiments, et qu'ils auront le cœur touché en apprenant tant d'infortune; ils viendront au secours des victimes d'un si grand désastre immérité qui a frappé de stupeur tous les habitants de la colonie.

Le gouverneur, M. Gourbeyre, est accouru de la Basse-Terre pour tendre les mains à ces malheureux, leur donner des secours et de bonnes paroles de consolation; le maire de la ville, M. Champy, a été aussi admirable de courage et de dévouement; mais que dire du contre-amiral Demoges, dont la destinée semble être de secourir les grandes infortunes, puisqu'il était gouverneur de la Martinique, il y a quatre ans, lors du tremblement de terre de Fort-de-France. Il est accouru ici avec sa division navale pour porter secours aussi, sachant bien qu'en pareille circonstance il faut se dévouer à l'humanité, et remplir dignement ce devoir.

A la Basse-Terre, plusieurs maisons ont été endommagées, elles ont été fortement ébranlées par les secousses violentes ; il faudra les démolir pour éviter des accidents.

Tous les quartiers de la colonie ont souffert : la ville du Moule est détruite, on déplore la mort de 30 habitants ; les bourgs de St-François, Ste-Anne, Ste-Rose, le Port-Louis, le Petit-Bourg, l'Anse - Bertrand ont été renversés; il y a dans tous ces lieux des morts et des blessés.

La plus grande partie des usines sont détruites et le sol en général a été tellement bouleversé que l'on craint de perdre la récolte.

A la Pointe-à-Pitre, tous les navires de guerre et de la marine marchande envoyaient leurs marins avec des outils pour aider les soldats de la garnison à déblayer les ruines et chercher les personnes enfouies sous les décombres des maisons. Pendant trois jours on a retiré des malheureux morts ou vivants ; mais hélas ! beaucoup y sont demeurés pour toujours. Déjà les exhalaisons pestilentielles sont devenues si fortes que l'on est obligé de faire usage de vinaigre pour respirer.

Tous les navires en rade sont encombrés d'habitants qui y sont allés chercher un refuge contre la faim, la peste et le dénûment. Ces infortunés se lamentent dans l'ignorance de que sont devenus leurs parents. Les capitaines ont délivré toutes leurs provisions à tous ceux qui sont venus demander l'hospitalité à bord des navires.

Les blessés et les inutiles sont embarqués pour être transportés à l'hôpital de la Basse-Terre: on estime le nombre des blessés à 1.500 personnes, et le nombre des morts à 3,000. Des tentes ont été dressées sur les quais avec des voiles de navires pour abriter la population à laquelle on délivre des rations de biscuit en petite quantité.

Maintenant la famine est là menaçante, il faut de prompts secours pour la conjurer, et montrer de l'intérêt à une population à laquelle tout manque. Déjà la Martinique, cette sœur bien-aimée au cœur tendre et compatissant, s'est souvenue de notre sollicitude pour elle à l'époque de son malheur de 1839. Elle nous envoie des secours de toute nature par les soins de MM. Montés, Ruez et Beissac qui viennent à bord de la Doris, capitaine de Barmont ; le navire à vapeur le Gomer vient également apporter des vivres, de l'argent et des bois de construction.

Le gouverneur, de Gourbeyre, rend un arrêté pour ouvrir la colonie à l'introduction des comestibles de toute espèce et des matériaux de construction ; il mettait la ville de la Pointe-à-Pitre en état de siège dans la crainte que les noirs ne désirent profiter de l'occasion pour se livrer au pillage des lieux abandonnés.

Les oscillations continuaient à se faire sentir de temps en temps ; alors la peur reprenait, les pleurs les gémissements redoublaient, les femmes et les enfants effrayés couraient de tous cotés éperdus ; ce trouble moral était fait pour attendrir les cœurs les plus durs.

Le maire de la ville, M. Champy, publie une proclamation à ses administrés, le 12 avril, pour leur recommander d'avoir du courage et de la confiance dans les bontés du roi, de son gouvernement et de la France entière.

Le navire à vapeur le Gomer avait apporté rapidement en France des nouvelles de la Guadeloupe qui furent connues à Paris, le 8 mars, juste un mois après la catastrophe. Aussitôt qu'elles furent répandues par les journaux, l'on s'est occupé immédiatement des moyens à employer pour venir au secours de nos infortunés compatriotes.

Le Moniteur du 11 mars, en annonçant la triste nouvelle, fait connaître que le gouvernement du roi n'hésite pas à déclarer que dans cette triste circonstance, il sait qu'il a des devoirs à remplir. En conséquence, il fait donner des ordres à Brest, à Toulon et à Rochefort pour envoyer de l'argent, des médicaments et un million de rations par des navires de guerre, qui devront partir immédiatement le chargement fait. Puis dans sa sollicitude pour les victimes d'un si grand désastre, l'amiral Roussin, ministre de la marine, présente à la Chambre des députés, un projet de crédit extraordinaire de deux millions cinq cent mille francs. La Chambre des députés prend acte de la proposition du ministre pour être votée à bref délai.

En même temps, un comité se forme pour recueillir et centraliser les souscriptions qui seront faites à .Paris, et dans les départements.

Le ministre de la marine et des colonies est nommé président d'honneur de ce comité.

Le vice-amiral Makau, président.

Sont nommés membres du comité :

MM. le baron Ch. Dupin. président du comité des colonies; le vice-amiral Arnous, ancien gouverneur de la Guadeloupe ; Jubelin, commissaire général de la marine, ancien gouverneur ; Lebobe, Mauguin , et Janvier, députés; Aube, président de la chambre de commerce ; Cottier, régent de la banque de France; Desmiral, Dechazelle, délégués de la Guadeloupe ; François Delessert, négociant.

Marbeau, trésorier général des invalides, trésorier du comité ; Leguel, sous-commissaire de marine, secrétaire.

La formation importante de ce comité fut d'un bon exemple pour Paris et les départements où il s'en forma un grand nombre. La garde nationale de Paris, les journaux, les banquiers, le public en général de Paris et de la province, souscrivirent avec empressement en faveur des victimes.

Le roi et la famille royale souscrivirent pour 55.000 fr. La Chambre de pairs et celle des députés ouvrirent aussi des souscriptions.

Le comité central de souscription fit partir, le 29 mars, par le Gomer, une somme de 310 mille fr. qui fut bientôt suivie d'une autre de 200 mille francs par un navire de l'État. Le ministre de la marine et des colonies ne restait pas inactif, car le 1er avril il envoie à la Guadeloupe deux navires du commerce, le Rhône et l'Ouistiti, portant des vivres et des approvisionnements de toutes espèces.

Pendant que l'on prenait en France des mesures commandées par la philanthropie, à la Pointe-à-Pitre on continuait le déblaiement des rues et la construction de baraques en bois pour loger les malades, les habitants et les soldats. Les habitants, revenus de leur stupeur et du découragement, s'étaient mis à travailler avec ardeur pour se caser le moins mal possible dans ce chaos général ; malheureusement ils étaient troublés dans leurs travaux par des secousses qui se renouvelaient de temps en temps, et faisaient craindre pour leur sécurité.

Ainsi en France, à la Martinique et partout, le gouvernement, les corps de l'Etat, les ^populations, l'armée, et particulièrement la marine, ont déployé le plus empressé dévouement de zèle et d'humanité pour conserver la vie et diminuer [des souffrances des victimes du tremblement de terre du 8 février 1843.

La session du conseil colonial est ouverte par le contre-amiral Gourbeyre, le 1er juillet 1843, à la Basse-Terre.

Il commence par dire qu'il partage les douleurs éprouvées par la colonie, et il expose la situation difficile dans laquelle elle se trouve par suite du tremblement de terre qui a couvert de ruines les villes et les campagnes. Il semble qu'un siècle se soit écoulé sur les débris qu'on aura beaucoup de peines à relever. Ensuite le gouverneur propose les moyens nécessaires pour atténuer autant que possible la misère de la population, qui se conduit avec énergie et résignation.

Il saisit cette occasion pour remercier la France, le roi, le gouvernement, les Chambres et tous ceux au cœur généreux, qui par leur concours ont apporté du soulagement dans cette situation.

En réponse à ce discours, le conseil colonial rédige une adresse qui est présentée au gouverneur, le 3 juillet 1845, et dont voici l'analyse :

Quelque rapprochée qu'eût été la réunion du conseil colonial du désastre, il se serait empresse d'apporter son concours et son expérience.

Les campagnes sont couvertes de ruines, les villes et les bourgs sont détruits ; la Pointe-à-Pitre est un terrain à déblayer, une ville à refaire par l'effet d'un double fléau.

Quel que soit le courage des habitants, si la colonie continuait à être abandonnée à ses seuls forces, être grevée des mêmes charges, elle ne pourrait se relever de ses ruines. Lui procurer des ressources, en régler sagement l'emploi, c'est ce qu'elle attendait de l'administration et du conseil colonial. Et voilà qu'un nouveau malheur vient s'ajouter aux autres par le vote de la Chambre des députés sur les sucres. Ce que l'on demandait, c'était le retour au pacte primitif, l'égalité des droits et des conditions. La Chambre ne nous accorde que l'égalité des droits, et cette justice incomplète est ajournée à cinq ans.

Notre agonie ne saurait se prolonger si longtemps, tout espoir s'éteindrait, les décombres continueraient à couvrir nos villes et nos bourgs.

On ne se fait pas idée en France de notre situation, les plus indifférents, s'ils en avaient le spectacle devant les yeux, reconnaîtraient que si la métropole veut sauver sa colonie, il faut qu'elle se décide à la secourir.

Un moyen se présente, et qui a déjà été employé par le gouvernement : c'est un dégrèvement. A cette condition nous pouvons conserver l'espoir de ne pas succomber dans une lutte qui va se prolonger plus acharnée que jamais.

Mettez au pied de notre auguste monarque, la respectueuse expression de notre reconnaissance. Les illustrations de la France, les plus humbles citoyens ont déployé des sentiments qui honorent notre grande nation, et nous rendent plus fiers que jamais de lui appartenir.

La Martinique, notre généreuse sœur, s'est émue comme si elle avait été frappée du même coup ; ses dons ont allégé nos misères, sa douleur a soulagé la nôtre. Ce t d'elle, c'est de son digne chef que sont venus les premiers secours.

La population de la Pointe-à-Pitre n'oubliera jamais le jour où l'honorable amiral de Moges, commandant la station des Antilles, est venu mouiller devant ses ruines lui apportant un secours si prompt et si nécessaire, lui inspirant la confiance par sa présence, le courage par le concours de la brillante et valeureuse jeunesse de sa flotte.

Dans notre élan de reconnaissance, nous remercions au nom de la Guadeloupe, les âmes généreuses de tous les pays qui ont offert un si beau spectacle au monde par leur conduite pleine de générosité et d'humanité.

Telles sont les paroles touchantes au moyen desquelles la colonie exposait ses souffrances, son espoir et ses remerciements pour les secours que tous les cœurs généreux lui avaient apportés.

Pendant la saison de l'hivernage, qui dure du moins de juillet au mois d'octobre, il n'avait guère été possible d'exécuter des travaux de reconstruction. Ceux de la ville de la Pointe-à-Pitre marchaient lentement ; on manquait d'ouvriers et de matériaux. Dans les campagnes, les travaux des usines étaient de même peu avancés ; quant à la récolte de la canne à sucre, il ne fallait guère y compter, à cause du terrain bouleversé par les tremblements de terre.

Après avoir compris qu'il était impossible aux colonies à sucre de supporter leurs charges dans l'état où elles se trouvaient, surtout à la Guadeloupe, désirant arriver à légalité des droits, le gouvernement s'est décidé à présenter une nouvelle loi sur les sucres clans le mois de mai à la Chambre des députés. Mais cette Chambre, tout on reconnaissant que la première place était due aux sucres des colonies sur les marchés français, avait cependant laissé envahir ce marché par le sucre indigène, auquel on avait donné des encouragements clans la culture ; et elle décidait, par la loi de juillet, que pendant cinq ans, le sucre indigène paierait des droits différentiels, à raison de cinq francs par an pour arriver à l'égalité de l'impôt.

Le ministre de la marine et des colonies s'est toujours montré le défenseur des colonies dans la discussion de cette loi; mais malheureusement sans obtenir de succès; des députés ont également cherché à éclairer la Chambre sans y réussir. La commission et le rapporteur étaient opposés à toute amélioration immédiate, malgré l'état de misère et de gêne de ces pays ; c'était peu digne.

XI

1850. Au commencement de l'année on remarque que le nombre des plantations augmente chaque jour ; on espère que la récolte sera égale au moins à celle d'une année sous l'esclavage.

L'activité des noirs s'était d'abord portée vers la culture des vivres, cela devait être : devenus libres, ils donnèrent à ces travaux tout le temps consacré à la culture de la canne. D'ailleurs, les maîtres étaient incapables de rémunérer leurs services, tandis que la petite culture leur assurait des bénéfices immédiats. Mais l'abondance des vivres en fit baisser les prix, et ne permit plus de tirer un bon parti de cette industrie sans débouché ; et aujourd'hui les affranchis reviennent à la grande culture qui peut seule assurer leur bien-être par une rétribution suffisante.

A la suite d'une tournée faite par le colonel Fiéron, gouverneur, il rend compte, le 24 janvier, que les anciens cultivateurs sont presque tous rentrés sur leurs habitations qu'ils avaient abandonnées au moment de l'émancipation, il en résulte qu'ils sont aujourd'hui dans des rapports convenables avec les propriétaires.

On cultive soit avec le système de l'association, soit sous le régime du salariat. On cherche à initier les noirs au mode de colonage partiaire qui laisse l'homme plus libre dans ses travaux, et lui donne en même temps la perspective d'une rémunération plus satisfaisante. Ils se livrent à ce genre de travail volontiers et sont fiers de montrer la beauté de leurs produits. Cela prouve leur attachement au sol et l'union entre le maître et le cultivateur qui sont des garanties d'ordre et de moralité !

Il y avait avant l'émancipation 20.971 travailleurs, le nombre est aujourd'hui de 19.465, ce qui fait une diminution de 1.506.

Le gouvernement a de son côté compris qu'il importait d'améliorer la fabrication du sucre, et d'expérimenter les précédés préconisés par plusieurs personnes. Les perfectionnements industriels serviront à compenser les pertes de bras qui fonctionnaient sous l'esclavage. Tout ce qui abrège le travail mérite une attention particulière de la part des hommes ; car on peut utiliser autrement la différence de force avec avantage.

Dans ce pays, où les esprits s'agitent et s'irritent aussi facilement que les eaux de la mer, où la haine les exaspère et les égare, il est difficile de faire de la conciliation entre les hommes qui ont une couleur de peau différente. Les dernières élections avaient divisé profondément les gens de couleur et les blancs. Ces deux castes s'étudiaient, s'observaient, comme des ennemis irréconciliables, prêts à en venir aux mains.

On se souvient que les accusés de Marie-Galante avaient été amenés à la Basse-Terre pour être jugés au nombre de 67, qui se composaient en grande parti de noirs.

Pendant le procès, ceux qui étaient de leur parti crurent devoir influencer les autorités par des démonstrations hostiles ; des groupes d'individus se portèrent la nuit à l'hôtel du gouvernement, devant la demeure du président de la cour et devant le quartier de la gendarmerie en cherchant à intimider la population tranquille.

Le colonel Fiéron, gouverneur, prévient les habitants par une proclamation, du 7 avril, de cesser ces réunions clandestines dont le but était connu et qui jetaient l'inquiétude dans la ville. Puis il fit dissoudre plusieurs conseils municipaux, notamment celui de la ville à l'esprit peu conciliant; ils furent remplacés par des commissions municipales composées de quatre membres, dont deux étaient pris dans la classe dite de couleur.

Ces mesures permirent au procès en question de s'achever sans que la tranquillité fut troublée davantage.

Le procureur général prononça un réquisitoire ferme et digne dans cette grave affaire, dont les paroles produisirent une sensation profonde sur les gens du pays.

Mais la tranquillité ne pouvait continuer à exister longtemps avec une presse extrêmement ardente dans ses attaques, ayant une grande influence sur des têtes promptes à se volcaniser, et dans lesquelles le manque d'instruction ne permettait pas d'estimer à leur juste valeur les regrets d'un régime passé ou les espérances chimériques de l'avenir. Les trois journaux du pays, rendus brusquement à la liberté, au lieu de prêcher la concorde entre les partis, servaient leurs passions en se livrant à des écarts regrettables.

La situation troublée dans laquelle on vivait depuis quelque temps, avait fait naître du mécontentement chez des gens qui préféraient la ruine et le désordre que l'abandon de leurs sentiments hostiles, en voici la preuve.

Le dimanche 12 mai, à 7 heures et demi du soir, un violent incendie éclate à la Pointe-à-Pitre dans le quartier de la nouvelle ville ; le feu s'est rapidement propagé et a consumé 60 maisons.

A la première nouvelle de ce sinistre, le gouverneur accourt de la Basse-Terre pour se rendre compte de la situation. Des mesures furent immédiatement prises pour venir au secours des malheureux sans asile et sans pain. Puis, par une proclamation, il informe les habitants qu'il est au milieu d'eux, le cœur profondément ému à la vue d'un si grand malheur et de leur courage pour le conjurer.

Dans la nuit du 18 au 19 mai, un second incendie commence précisément au point où finissait le premier ; il fut moins désastreux, parce que les secours furent plus prompts et le temps plus calme. Cinq grandes maisons furent brûlées, une malheureuse femme noire, de 75 ans, y trouva la mort. D'autres tentatives eurent encore lieu, mais heureusement sans succès.

L'enquête faite à ce sujet a constaté qu'il y avait 70 maisons détruites par les flammes et pour 1.500.000 francs de pertes en immeubles, meubles et marchandises.

Le conseil municipal, le maire et les habitants n'hésitaient pas à attribuer ces désastres à la malveillance, et ils demandaient un prompt remède à l'affreuse situation dans laquelle ils se trouvaient.

Le gouverneur prit un arrêté par lequel la ville de la Pointe-à-Pitre et son arrondissement étaient mis en état de siège.

En même temps, il crut devoir suspendre la publication des trois journaux de la colonie, en ce qui concernait les articles politiques, sans distinction d'opinion ou de couleur, et il fit interner l'un des rédacteurs à l'île Saint-Martin, comme étant un agitateur dangereux.

Toutes ces mesures d'ordre et de sécurité furent approuvées par le gouverneur général résidant à la Martinique, attendu qu'il y avait péril imminent en même temps que sinistre réalisé.

Cette situation exceptionnelle était nécessaire pour rassurer les populations contre la malveillance des gens qui ne reculent pas devant le crime pour satisfaire leur haine ; c'était la conspiration du feu, de la barbarie contre la civilisation.

L'Assemblée nationale, dans sa séance du 12 juillet 1850, flétri la conduite de ses conspirateurs d'un nouveau genre, en adoptant un projet de loi présenté par le gouvernement, et par lequel l'état de siège est appliqué à l'île entière.

Au mois de juillet, on se ressentait encore des agitations passées ; les travaux reprenaient difficilement leur activité, et les affaires commerciales étaient entièrement nulles. Le gouverneur, justement alarmé des troubles incessants qui paralysaient toutes les affaires coloniales, se rend à la Pointe-à-Pitre, le 8 août, si riche et si active autrefois, et aujourd'hui si triste et si abandonnée, pour tâcher de rétablir l'ordre et la confiance.

A son arrivée, il fit une proclamation ayant pour but de rassurer les esprits et leur faire un appel sur le terrain de la concorde et de la conciliation. Puis, continuant ses répressions contre les combats singuliers qui étaient devenus nombreux, il fit mettre en surveillance clans deux parties de l'île opposées, les deux derniers adversaires d'un duel.

Ensuite, voulant mettre en pratique ce qu'il prêchait de cœur, il fit venir les rédacteurs des trois journaux de la ville pour les engager à rentrer dans un mode de discussion plus modéré. Ceux qui dirigeaient l'Avenir et le Progrès consentirent volontiers à cette proposition ; mais celui qui était à la tête du Commercial déclara vouloir persister dans ses attaques contre la classe de couleur. Il était fâcheux de voir un journaliste persévérer dans une ligne de conduite blâmable, et pouvant entretenir l'agitation morale dans une population qui prend au sérieux des articles de journaux.

Cependant vers la fin du mois d'octobre la tranquillité et l'ordre étaient rétablis. Après l'orage, le calme était revenu; la houle populaire, agitée par les passions de la haine et de la vengeance, s'était apaisée. Le travail était aussi actif qu'il était permis de le désirer. L'état de siège a été le moyen efficace de ramener au devoir et à la raison une population égarée, et il fallait reconnaître que le pouvoir ne s'en était servi qu'avec modération. Les agitateurs seuls étaient surveillés dans leurs œuvres, et les cultivateurs, rendus à eux-mêmes, à leurs travaux et à leurs familles, rentraient dans la jouissance du bienêtre que le travail assure.

Pour consolider la situation, une loi sur la presse avait été votée par l'Assemblée nationale, elle mettait dans les mains des tribunaux les moyens nécessaires pour raffermir l'ordre ébranlé par des prédications dangereuses.

Il y a eu cette année des questions importantes traitées à l'Assemblée nationale et par le pouvoir exécutif concernant les colonies. Au premier rang, il faut placer celle des sucres qui fut vivement discutée par les partisans de la production indigène et par ceux de la production coloniale : Schoelcher, Périnon et Joannet, payèrent bravement de leurs personnes à la tribune pour soutenir, par la parole, les intérêts coloniaux.

Jusqu'ici on avait imposé les sucres suivant une estimation de qualité un peu arbitraire, il fut décidé que ce serait la richesse saccharine, contenue dans chaque espèce, qui servirait à l'avenir de base pour déterminer le droit à payer, et une échelle graduée était imaginée pour en apprécier la valeur. Ainsi le sucre indigène était coté 95 degrés, le sucre colonial et le sucre étranger étaient cotés 90 degrés.

Les droits à acquitter étaient ainsi fixés :

« Pour 100 kilogrammes de sucre pur, 50 francs.

« Le sucre colonial acquittera pendant quatre ans, à partir de la promulgation de la loi, 6 fr. de moins par 100 kilogrammes que le sucre indigène.

« Le sucre étranger acquittera 11 francs de plus par 100 kilogrammes que le sucre indigène. »

Après cette importante loi, l'Assemblée nationale s'est occupée des banques coloniales pour remanier leur organisation et augmenter leur capital, en autorisant la création de billets au porteur. Il leur fut donné encore d'autres avantages devant favoriser les opérations financières avec le commerce et l'agriculture.

Pour satisfaire à la constitution de 1848, une loi organique pour les colonies était nécessaire, elle fut votée dans cette session et promulguée le 30 juin 1851.

Elle contenait ce qui convenait aux attributions du pouvoir de la métropole, dans la formation des lois; elle assurait aux gouverneurs des pouvoirs étendus, aux communes une organisation municipale ; un conseil général était formé dans chaque colonie pour traiter des intérêts généraux et particuliers; elle réglait les dépenses générales et particulières de chaque colonie.

Telle est en substance cette loi qui règle la marche du gouvernement et de l'administration sous la République. On fait la remarque qu'elle ressemble à l'ordonnance de 1825 par la création d'un conseil général, d'un conseil privé et de conseils municipaux ; mais la base en est bien plus libérale, puisque l'élection y joue un certain rôle, ce qui n'avait pas lieu avec l'ordonnance de 1825.

Le brave colonel Fiéron avait été gouverneur une première fois en 1848, c'est-à-dire dans un moment fort difficile, et une seconde fois en 1849, plus difficile encore ; car la Guadeloupe était à cette époque bouleversée par les menées démagogiques, les ravages du feu, du pillage, et, par suite, le vagabondage et la misère. Cependant la population égarée revenait peu à peu à de meilleurs sentiments, grâce à la sagesse et à la fermeté de ce gouverneur, qui eut à lutter pendant trois années contre le désordre moral et matériel.

Le ministre de la marine jugea utile de le remplacer, et par un décret du Président de la République, en date du 15 septembre 1851, M. Aubry Bailleul, capitaine de vaisseau, est nommé gouverneur de la Guadeloupe. L'expérience de l'émancipation a été ruineuse pour les îles anglaises comme pour les nôtres ; elles sont tombées à un degré plus ou moins grand de misère, excepté la Barbade, qui se trouve dans des conditions excellentes de culture. Mais les autres îles Anglaises se débattent dans des difficultés produites par le manque de bras ; elles sont forcées de tirer de l'Inde et des côtes d'Afrique des travailleurs qui coûtent 17 livres par tête, soit 425 francs pour le passage, tous frais compris. On espère par ce moyen exciter l'émulation des noirs qui ont toujours préféré vivre à leur guise dans les bois que de travailler. On voit de tous côtés des habitations abandonnées par leurs propriétaires et envahies par une végétation parasite, le salaire y est monté à un prix exagéré d'une gourde par jour.

Ici, on est revenu à des idées plus raisonnables, le travail s'est réveillé un peu partout, et a repris cette année dans une progression ascendante ; mais le plus grand fléau du propriétaire et du travailleur, c'est l'amour de celui-ci pour le vagabondage qui le conduit à la misère, à la maladie et à la mort, en privant celui-là des bras nécessaires à son exploitation.

Le salaire journalier du travailleur noir a prévalu, il est en général de un franc par jour, indépendamment du droit à l'habitation et à la jouissance d'un jardin qu'il cultive à son gré et dont il vend le produit. La journée du contremaître de 2fr. 50. Après ce système de culture vient celui du colonage partiaire, qui est moins profitable aux deux parties. Le propriétaire fournit la terre, le noir la cultive et livre la canne, puis le produit brut se partage par tiers, c'est-à-dire que le travailleur reçoit un tiers du poids et les deux autres sont pour le planteur. Cette manière d'exploiter les terres est ruineuse. Le travailleur négligeant ne livre que des produits mal cultivés, un roseau sec et rabougri; et lorsqu'on le porte à l'usine pour le passer au cylindre, il rend moins de parties sucrées.

Le clergé de chacune de nos colonies avait pour chef spirituel un préfet apostolique; sur la demande du gouvernement français, le pape a érigé en sièges épiscopaux les villes de la Basse-Terre et de Fort-de-France, en leur assignant à chacune pour circonscription diocésaine l'île dont ces villes sont le chef-lieu. A la Guadeloupe c'est monseigneur Lacarrière qui est nommé à la dignité d'Evêque.

1852. La république existait depuis moins de quatre ans et l'on paraissait être en France déjà fatigué de ce système de gouvernement, qui en vaut cependant bien un autre quand il est dans des mains honnêtes. Le pouvoir législatif semblait se défier du prince Président qui était chargé du pouvoir exécutif; l'un suspectait l'autre dans les actes et les intentions. Il aurait fallu une entente continuelle entre les partis; mais, par malheur, les partis sont plus entêtés que raisonnables, chacun cherche à triompher sur ses adversaires.

Le prince Président entendait bien se placer au-dessus d'eux quand l'occasion s'en présenterait; car, par caractère et par tradition, il n'était rien moins que républicain, il se regardait comme étant l'héritier de Napoléon 1er par l'effet de sa naissance et du pouvoir que le suffrage universel lui avait donné. Et le 2 décembre vit changer l'ordre politique par un coup d'Etat. L'Assemblée nationale est dissoute, l'état de siège est décrété dans une partie de la France et un appel est fait au peuple pour approuver cette nouvelle forme de gouvernement. Le prince Président est réélu pour dix ans, un Sénat et un corps législatif sont institués.

Dans les colonies, ces changements sont bien accueillis par les habitants. On a l'espoir de voir revenir la paix et le travail féconder l'île; aussi les adhésions au nouvel ordre de choses arrivent de tous côtés pour accepter les changements politiques qui venaient de s'accomplir en France.

L'Etat voulant faire appel aux travailleurs du dehors pour établir une concurrence utile à la main-d'œuvre agricole, et contribuer à réhabiliter le travail de la terre trop méprisé par les nouveaux affranchis, au point de préférer la culture du jardin, la pêche ou le vagabondage, fait préparer par le conseil colonial et lé conseil d'Etat, un décret, à la date du 13 février 1852, sur l'immigration, qui jusqu'à ce jour était restée presque nulle. Les fonds de la métropole et ceux du service colonial devaient concourir aux dépenses des immigrants et à leur rapatriement. L'engagement devait être au moins d'un an. Des dispositions de police et de sûreté étaient déterminées contre ceux qui contreviendraient au bon ordre, au travail et qui manqueraient aux conventions passées entre propriétaires et travailleurs.

La presse coloniale est réglementée de nouveau parle décret du 20 février 1852. On rapporte ici l'article principal concernant la surveillance à exercer par les gouverneurs :

« Le gouverneur surveille l'usage de la presse, commissionne l'imprimeur, donne l'autorisation de publier les journaux, et les révoque en cas d'abus.

« Aucun écrit autre que les jugements, arrêts et actes publiés par l'autorité de justice ne peut être imprimé sans sa permission. »

Un autre décret, du 27 mars 1852, vient compléter celui des immigrations, relaté plus haut, en déterminant les règles suivant lesquelles auront lieu pour les immigrants, les engagements, le transport, la nourriture à bord des bâtiments, le séjour dans les colonies et le rapatriement.

On était en plein hivernage, époque où la-nature est troublée par les tempêtes, la violence- des vents sur terre et sur mer. Un ouragan éclate dans la région de la Guadeloupe et tombe principalement sur la ville de la Pointe-à-Pitre et ses environs, le 22 septembre. Il commence vers 10 heures du matin et s'acharne sur cette malheureuse ville qui renaissait de ses cendres. Les dégâts ont été exclusivement matériels et aussi considérables que si la tourmenté s'était déclarée pendant la nuit. Ils ont porté principalement sur l'hôpital militaire, les églises, et quelques maisons particulières.

La place de la victoire a eu ses ombrages frais enlevés, les arbres ont été dépouillés de leurs feuilles, et ressemblaient à ceux de l'hiver en France, c'était d'un aspect attristant.

La circulation a été interrompue par l'effet des arbres et des matériaux tombés dans les rues ; il y avait péril à circuler.

Les navires en rade ont été obligés de prendre le large pour éviter l'échouage. Des bateaux, des barques et des embarcations ont péri, ou ont échoué près du port.

Le coup de vent a peu sévi sur la Basse-Terre, mais on a craint pour les récoltes des caféiers, qui sont situés sur les hauteurs. Le Moule, Port-Louis, Les Abymes, les Lamantins et quelques habitations ont été atteints par le fléau. En général, les dégâts ont été considérables.

Le commandant de place a fait publier une proclamation pour engager les habitants à montrer de l'énergie, du courage, et à se mettre au travail pour réparer immédiatement les désordres causés par la bourrasque.

Mais quittons ce sujet affligeant pour parler d'une mesure utile.

Un décret du Président de la République, du 4 septembre, statue que les gouverneurs prendront les mesures nécessaires pour l'application du régime des livrets institués pour les ouvriers, conformément au décret du 13 février 1852.

L'opération de la remise des livrets aux cultivateurs de couleur, s'est faite avec le plus grand ordre, et de la manière la plus satisfaisante. Ce moyen de constater l'identité et le travail du noir produira un excellent effet; il verra qu'on le traite comme un ouvrier blanc, ses sentiments d'égalité et de vanité en seront satisfaits.

Cette année, la population a eu à souffrir de la fièvre jaune qui a fait beaucoup de victimes ; comme toujours, c'est pendant la saison de l'hivernage qu'elle a exercé le plus de ravages. Vers la fin de l'année, la maladie avait complètement disparu pour faire place à un état sanitaire satisfaisant.

Malgré les encouragements donnés par l'Etat et les planteurs à la classe ouvrière, l'état de malaise du pays, dû à l'insouciance, exerce une influence sur la récolte de cette année, qui est descendue à 17.734.000 kilogrammes de sucre, produit inférieur à 1851 de plus de 2.000.000 de kilogrammes.

XII

1853. A la Guadeloupe, on a appris en janvier avec une vive satisfaction l'élévation du prince Président au trône impérial. Des adresses ont été rédigées par les autorités et les conseillers municipaux pour être transmises au chef de l'Etat comme témoignage de respect et de dévouement qui animent la population et pour leur entière confiance dans l'avenir.

Le gouverneur Aubry-Bailleul, voulant se rendre compte de la situation morale et matérielle du pays, entreprend une tournée dans l'île en janvier et février, qui dura 21 jours. Il s'est principalement attaché à visiter la partie dite Sous-le-Vent, qui contient les quartiers les plus importants sous le rapport de la population et de la culture.

Il a été accueilli partout où il s'est présenté avec le sentiment d'une respectueuse sympathie et une grande prévenance de la part des planteurs. Des cultivateurs de couleur avaient été désignés par les autorités locales de Saint-Anne et de Goyave pour leurs travaux et leurs bonnes conduites, on profite de son passage pour leur délivrer des médailles. Une cultivatrice de couleur, de la baie Mahault, a reçu le même honneur. Le directeur de l'intérieur a eu de son côté 24 médailles à donner à des travailleurs de tous genres, tels que charpentiers, maçons, gardes-champêtres et patrons de bateau.

Cette distribution de récompenses bien méritées se faisait soit à la porte des églises, en présence du clergé, soit sur les principales places des chefs-lieux de commune, en présence de miliciens rassemblés pour recevoir le gouverneur, et au milieu d'un grand concours d'habitants de tous rangs. L'éclat donné à ces distributions de médailles influençait non seulement ceux qui en étaient l'objet, mais aussi les insouciants, les rebelles du travail qui préféraient vivre à l'écart misérablement, plutôt que de se soumettre à un maître quelconque ; heureusement, c'était le petit nombre.

Cependant l'on a pu constater avec satisfaction le retour à l'ordre, aux occupations et la bonne harmonie dans les rapports entre patrons et ouvriers. La législation nouvelle des livrets a été acceptée partout comme un bienfait. Des habitations naguère ruinées par la désertion et le chômage se sont relevées sous l'influence de la bonne volonté et du travail.

Par cet excellent moyen employé à récompenser de braves gens, on a rehaussé ce qui avait été avili jusqu'ici : c'est le travail manuel, indispensable à toute société, et qui convient à des âmes simples et tranquilles.

De nouvelles récompenses ont été promises pour encourager l'établissement de comices ruraux dans l'intérêt des cultures, de l'amélioration de la fabrication du sucre, de l'immigration des ouvriers et le rétablissement du crédit agricole. Les capitaux étant indispensables pour féconder l'agriculture.

Par décret en date du 6 avril 1853, l'Empereur a nommé évêque de la Basse-Terre, monseigneur Forcade, évêque de Samos, in partibus, en remplacement de Monseigneur Lacarrière, dont la démission est acceptée, et qui est nommé chanoine au chapitre de Saint-Denis.

M. le gouverneur Aubry-Bailleul ayant demandé à rentrer en France, il est remplacé dans ses fonctions par M. Bonfils, capitaine de vaisseau, par décret du 30 septembre 1853.

1834. Le nouveau gouverneur étant arrivé à la Basse-Terre, le 13 janvier, a été installé dans ses fonctions. Il publie à cette occasion la proclamation suivante :

«Habitants de la Guadeloupe, S. M. l'Empereur a daigné me confier le gouvernement de votre belle

colonie ; j'arrive au milieu de vous lecteur plein d'espérance et de dévouement.

« *Je sais combien vous avez souffert, combien vous souffrez encore ; j'ai foi dans un avenir meilleur. Nous reviendrons au bonheur par le courage, par la moralité, par le travail ; nous demanderons à la religion ses consolations pour les douleurs passées, ses bénédictions dans le présent. Notre but sera la prospérité et la concorde, notre politique le respect aux lois et au souverain.*

« *Accordez-moi votre confiance, elle m'est nécessaire dans le bien que je veux faire; vous trouverez en moi le chef ami des hommes utiles et moraux, le protecteur vigilant du travailleur.*

« *Mon administration sera l'expression de mon amour pour le pays, ma vie sera consacrée à l'accomplissement de mes devoirs. Mes devoirs sont tous renfermés dans la justice, j'entends l'application constante, impartiale et sévère des principes protecteurs de la société.* »

En même temps a eu lieu l'installation à la Basse-Terre de monseigneur Forcade, évoque, arrivé sur le même bâtiment qui portait le gouverneur.

Dans ces deux cérémonies d'installation, la population de la ville et des environs s'est montrée pleine de sympathie pour les arrivants et de confiance dans ces deux hommes distingués.

L'administration de la justice diffère de celle de France en plusieurs points. Le tribunal de première instance ne se compose que d'un seul juge, assisté d'un juge auditeur qui ne prend pas part aux décisions judiciaires et du lieutenant du juge qui remplit les fonctions de juge d'instruction.

La juridiction correctionnelle appartient à la cour impériale qui siège au chef-lieu de la colonie. Il résulte de celte organisation que les justiciables n'ont point de confiance dans les sentences du juge civil et que la répression des délits correctionnels est lente et laborieuse, parce que la cour est éloignée des localités où les faits réclament l'intervention de la justice ; de plus, il y disproportion choquante entre le peu de gravité des actes justiciables et la solennité de la cour. Ces inconvénients sont devenus nombreux depuis l'abolition de l'esclavage qui a fait tomber sous l'application de la loi beaucoup de méfaits que la discipline domestique punissait.

M. le ministre de la marine Ducos, voulant rapprocher du droit commun le système judiciaire de ces pays, propose à l'Empereur un décret dans ce but, à la date du 16 août 1854, et qui donnera une organisation analogue à celle de France.

Après avoir exposé un aperçu sur la réforme judiciaire, il est nécessaire de faire connaître ce qui est relatif à une institution des plus utiles.

Ainsi l'on doit dire, à la satisfaction générale, que la banque de la Guadeloupe commence à rendre des services réels au commerce, à l'industrie et aux planteurs, que l'argent, ce nerf des affaires, s'obtient facilement avec des garanties raisonnables.

L'ensemble général des opérations de cet établissement financier, du 1er juillet 1853 au 30 juin 1854, présente un total d'affaires de 7.483.283 fr. 41 c.

Ce mouvement de fonds aurait été plus considérable si l'état de gêne de la colonie n'avait diminué les importations de la métropole.

Les prêts sur récoltes faits pendant cette période se sont élevés à 616.932 fr. 29 c.

A l'ouverture de la première session du conseil général, qui a eu lieu à la Basse-Terre, le 4 novembre 1854, le gouverneur, M. le capitaine de vaisseau Bonfils, prononce un discours dont voici le résumé :

Pour la première fois depuis 1848, il lui est donné, avec des hommes dévoués aux intérêts généraux, d'être l'interprète de la colonie pour porter au pied du trône les sentiments de reconnaissance.

Le bonheur du pays dépend essentiellement de l'ordre et de la moralité, c'est par ce moyen qu'on parviendra à reconstituer ce que les événements passés ont détruit ou ébranlé.

La pensée qui a présidé à la création des conseils généraux sera féconde en résultats heureux. Vous travaillerez avec confiance et tranquillité ; vous discuterez le présent et l'avenir de nos ressources; l'application économique de nos impôts que nous demanderons à la société.

Les questions qui vous seront soumises sont des plus graves ; elles intéressent l'agriculture, le commerce et l'industrie ; et elles ont pour objet d'assurer le bien-être de 130.000 habitants.

Les questions relatives à la propriété sont nombreuses, votre concours sera utile ; il en sera de même sur l'intéressante question des immigrations des travailleurs, celle des monnaies, l'émission de bons de la banque, dont vous ferez connaître votre opinion.

Le moment de commencer vos travaux est favorable, la tranquillité régnant partout.

Le discours du gouverneur est applaudi par les membres du conseil aux cris de : vive l'Empereur !, puis la session a été ouverte. Elle a duré 15 jours pendant lesquels le conseil général s'est occupé consciencieusement des intérêts de la colonie. Les principales propositions sur lesquels il a donné son avis sont: le dégrèvement des sucres; l'introduction de 10.000 émigrants indiens pour la culture; la réduction des droits de sortie sur les sucres, les cafés et de l'impôt sur les petites cultures. Il a demandé l'augmentation des droits sur les tabacs, sur les tarifs de l'enregistrement, du timbre et des hypothèques ; création de l'impôt du timbre et l'organisation du service des percepteurs.

Il a terminé ses travaux par la nomination du délégué de la colonie au comité consultatif en conformité du sénatus-consulte du 3 mai dernier ; les voix se sont portées sur M. le comte de Bouille, propriétaire.

Maintenant on croit qu'il est utile de mentionner les différentes décisions prises par le gouvernement de la métropole à l'égard des colonies pendant le courant de cette année :

1° Décret du 16 janvier 1854, sur l'assistance judiciaire ;

2° Sénatus-consulte organique concernant les colonies de la Martinique, de la Guadeloupe et de la Réunion, du 3 mai 1854 ;

3° Décret du 24 juillet 1854, concernant les conseils généraux des colonies ;

4° Décret du 24 juillet 1854, qui organise le comité consultatif près le ministre de la marine et des colonies, à Paris.

Le travail s'était amélioré beaucoup cette année, et par l'effet d'une bonne température, la récolte du sucre a été de 22.072.000 kilogrammes, tandis que l'année précédente on avait obtenu seulement 14.804.000. On voit que la différence est sensible. Un résultat aussi favorable est aussi l'indice d'un travail fourni par les planteurs et les noirs qui répugnent moins au travail des champs depuis que l'on décerne des récompenses honorifiques.

L'histoire d'un pays n'offre pas toujours des faits qui puissent exciter la curiosité de l'esprit. Il existe des périodes de temps pendant lesquelles les passions des hommes et le mouvement irrégulier qu'elles engendrent tendent à faire place au calme et à la raison. C'est une réaction morale qui provient de la fatigue des agitations dans lesquelles on a vécu, et qui force à rechercher le repos et la tranquillité. On est entré heureusement dans cette voie depuis quelque temps, et il est à souhaiter que le monde des colonies y persévère pour son repos et son bonheur.

De son coté, le gouvernement fait des efforts pour encourager les planteurs à améliorer les cultures et à en essayer de nouvelles.

Autrefois la Guadeloupe cultivait beaucoup de cotons et de cafés; le premier de ces produits a presque disparu, le second y a subi une décroissance énorme. Maintenant on sent le besoin de revenir à ces deux exploitations en y consacrant la terre où la canne ne peut venir, et en y employant la population détournée des grands ateliers par l'affranchissement.

Dans ce but utile, le gouverneur a décidé qu'une subvention de 1.000 fr. serait accordée à tout individu qui aurait défriché et planté en caféiers au moins cinq hectares de terre.

On sait que le coton croit naturellement dans les Antilles ; il existe des espèces qui sont remarquables par la ténuité et la longueur des filaments ; ce qui leur manque c'est la force, qu'on pourra obtenir par une culture intelligente.

Pour protéger cette culture, le gouverneur Bonfils a pris un arrêté qui consacre le dégrèvement de l'impôt en faveur du coton et tout ce qui en dépend comme graines et machines à égrener. On a également pris des mesures pour favoriser la production de la cochenille, cet insecte qui fournit une si belle couleur écarlate, et qui vit et meurt sur le nopal.

Enfin, les habitants se préparent, dans la mesure de leurs ressources, à l'appel qui leur a été fait d'envoyer à l'exposition universelle de Paris des spécimens de leurs produits naturels.

Un décret de l'Empereur concernant la partie économique des deux colonies fut rendu, le 30 avril 1855, pour arrêter le cours légal des monnaies étrangères, qui ne seraient à l'avenir considérées que comme valeur conventionnelle. Il autorisait la création de bons de caisse qui seraient représentés par des monnaies nationales mises en réserve dans les caisses coloniales pour une somme égale aux émissions en papier.

La récolte du sucre s'est maintenue cette année dans de bonnes conditions, sans être remarquable, le produit pour cette île a été de 20.070.000 kilo. ; on s'aperçoit aisément que l'introduction des immigrants produit de l'effet ; on est loin des récoltes de 1849 et 1850, la première n'ayant donné que 17.000.000, et la seconde que 13.000.000 de kilogrammes de sucre. Il est à désirer que la production de la canne se maintienne dans de bonnes conditions pour que les planteurs soient récompensés de leur labeur : *Sustentare omnes labores*, a dit Cicéron. Il faut dire cependant que l'on est loin du produit de 1847, dont la récolte a été de 40 millions de kilogrammes.

Le gouvernement jugent utile, pour le service de la marine et des colonies, de faire concourir les marins de ces pays à l'inscription maritime, rend un décret, le 16 août 1856, par lequel le territoire de chaque colonie formera un arrondissement qui sera devisé en quartiers, sous-quartiers, syndicats et communes, pour le dénombrement des gens de mer et ouvriers des professions maritimes.

L'île de Marie-Galante était toujours tourmentée, tantôt ouvertement, tantôt sourdement par le mécontentement des gens de couleur ; il y avait encore des maraudeurs qui épouvantaient les gens paisibles par l'incendie, et la distance au chef- lieu ne permettait qu'une répression tardive. Pour s'opposer à cet état de choses, et faire naître une crainte salutaire, un commandant particulier est donné à cette île ; cet emploi est confié à M. Varainguien de Villepin, chef de bataillon d'infanterie de marine.

1857. Le conseil colonial est convoqué dans le mois de mai par le gouverneur, M. Bonfils, pour s'occuper des affaires administratives de la colonie. Aussitôt après la clôture des travaux de la session, le conseil général, ayant à sa tête son président, est allé présenter au gouverneur l'assurance des sympathies de la colonie et de la leur en particulier ; et pour le remercier en même temps de s'être appliqué à étudier les besoins du pays, afin de rechercher les moyens efficaces d'un rappeler la prospérité passée.

Le gouverneur, flatté de cette démarche, dont il est l'objet, se plaît à constater l'accord et la confiance qui existent entre le conseil général et son administration ; et il fait remarque: avec raison, que le bien du pays viendra par l'exécution sérieuse de la législation sur le travail, et qu'il est indispensable que l'administration, la magistrature et les habitants marchent dans la même direction : c'est à cet accord, à cette unité de vue dans l'exécution, qu'est dû à la Martinique l'affermissement du travail et la prospérité publique.

1858. La colonie jouit du calme et de la tranquillité nécessaires à sa prospérité, qui se développerait aisément, si le travail n'était arrêté par le manque de bras. Les noirs rendus à la liberté continuent à s'isoler en grand nombre dans des parties de terre où ils croupissent dans la misère plutôt que de travailler sur les habitations à des prix raisonnables. Alors, il a bien fallu songer à faire appel à la bonne volonté des immigrants que l'on fait venir à grand frais des côtes d'Afrique, de l'Inde et de Madère. Voici à cette époque le nombre des immigrants :

Noirs des côtes d'Afrique	689
Travailleurs de l'Inde	2806
Madériens	141
Total	*3.645*

On a remarqué que l'immigrant africain réussissait assez bien dans ce pays, mieux qu'à la Martinique, où une certaine appréhension existait contre lui et retardait son introduction comme travailleurs. Il est préféré ici à l'Indien pour cultiver les terres. Voici au plus ce que disait à cette époque le journal l'Avenir de la Pointe-à-Pitre : «L'Indien, par sa douceur, sa résignation, sa docilité, a pleinement justifié les éloges qui lui ont été donnés partout. Mais l'indien vient ici sans famille, avec l'intention formelle de s'en retourner ; sa religion, ses mœurs, ses coutumes, le souvenir de son pays le rappellent toujours vers l'Inde ; tandis que l'Africain est véritablement l'homme de l'avenir. C'est un sauvage, il est vrai, qui n'a pas la moindre notion du travail et de la civilisation ; mais ce sauvage, une fois dressé, une fois admis dans le giron de l'Eglise, se fixe définitivement dans le pays ; il s'assimile et s'agglomère immédiatement à notre population. »

Le Madérien, une fois acclimaté, est un excellent travailleur ; mais cet acclimatement est difficile ; et l'expérience a démontré qu'il ne pouvait donner de bons résultats qu'employé sur des habitations élevées où l'air est plus sain, la chaleur moins forte. Le recrutement de ces travailleurs est difficile ; les tentatives faites dans ce but aux îles Açores et aux Canaries ont complètement échoué.

La race africaine paraît devoir être préférée aux autres dans cette colonie, à cause de la facilité avec laquelle elle s'acclimate et s'assimile au pays ; mais on doit prendre garde de ne pas trop la multiplier, car ces hommes ont souvent des moments où ils deviennent intraitables, par l'effet d'un caractère brutal et sauvage. D'ailleurs, l'exemple de Saint-Domingue ne doit pas être perdu pour nous.

Par décret du 24 juin, il est créé un ministère de l'Algérie et des colonies et c'est le prince Jérôme Napoléon qui est chargé de ce service.

Etait-ce pour créer un emploi à ce prince dans le but de lui donner une certaine importance politique et favoriser le développement de la colonisation de l'Afrique française? ou bien était-ce dans le but de décharger d'un lourd fardeau, les deux ministres de la guerre et de la marine ? Le temps seul pouvait répondre à cette double question.

Plus tard, le 21 novembre, sur le rapport du prince ministre, un autre décret institue un conseil supérieur de l'Algérie et des colonies. Il est appelé à délibérer sur toutes les affaires qui ont rapport à ce nouveau ministère, mais à titre consultatif, sans pouvoir prendre l'initiative d'aucun délibération.

On ne passera pas sous silence un fait qui avait bien son mérite dans l'intention qu'on se proposait d'atteindre. Au Havre, il se fit une vente publique de 77 balles de coton, par ordre du prince ministre, pour faire connaître les cotons longue soie cultivés à la Guadeloupe et cédés au prix de l'estimation à des filateurs pour faire des essais sur leurs qualités. Le nouveau ministère de l'Algérie et des colonies se faisait connaître par une bonne mesure dans laquelle les planteurs et les filateurs devaient y trouver des avantages.

1859. Le capitaine de vaisseau Touchard est nommé gouverneur en remplacement du capitaine de vaisseau Bonfils. Ce dernier ayant été éprouvé par le climat dévorant des Antilles, dut quitter la Guadeloupe en emportant les regrets de l'administration et des habitants.

Un autre changement eut lieu, le colonel Frébault, de l'artillerie, est nommé gouverneur en remplacement du contre-amiral Touchard, qui est rappelé en France sur sa demande.

1860. L'amélioration du port de Pointe-à-Pitre était devenue d'une utilité urgente : les sables, la vase formaient une couche nuisible à l'arrivage et au séjour des bâtiments dans ce port où il y a un mouvement considérable de navires.

Le conseil général demandait avec raison que l'on fit le projet d'un curage et sollicitait du ministre de la marine une subvention. Un décret, du 28 juillet, est rendu pour l'exécution de ces travaux et la dépense est évaluée à 700 mille francs. L'Etat alloue une somme de 170 mille francs pour l'achat du matériel nécessaire aux travaux.

Il n'existe pas un homme qui n'ait son tourment, un pays qui n'ait sa plaie. En France il faut couvrir la terre de fumier pour lui donner des forces et réchauffer sa fertilité engourdie par les frimas. Sous le tropique, il y a exubérance de végétation : la sécheresse et les insectes dévorent le travail de l'homme. Cette année la saison sèche a été extrêmement préjudiciable aux cultures de la terre ; on voyait partout les mares et les rivières à sec ; le terrain et ses produits presque brûlés par l'effet d'une chaleur exceptionnelle ; il a fallu les pluies et l'hivernage pour faire cesser cette température brûlante et redonner aux cultures la vigueur nécessaire à leur existence compromise.

Maintenant on va changer de thèse pour clore ce travail en 1860 ; parce que la société coloniale ayant subie, sa transformation qu'on s'est efforcé de faire comprendre au lecteur, il n'y a point de raison à la suivre plus longtemps dans sa marche. Cependant il est utile de jeter un coup d'œil en arrière pour résumer les événements arrivés depuis douze ans, et c'est ce qu'on va exposer.

En 1848, un grand bruit se faisait en France, la question de l'esclavage passionnait les esprits qui voyaient de la tyrannie partout; ils voulaient la liberté pour les blancs comme pour les noirs ; hélas ! les blancs étaient parfaitement libres avant comme après les événements ; quant aux noirs, ils ne l'étaient pas. Leurs amis disaient que l'esclavage devait disparaître entièrement dans un pays libre, les opposants croyaient que l'abolition de l'esclavage devait être la destruction de la propriété coloniale : ces deux partis avaient raison et tort en même temps. Le colon qui se trouvait entre les deux partis ne savait que penser. Attaqué dans sa fortune, dans ses idées, il se livrait au doute sur le droit légué par le passé et perdait confiance dans l'avenir. Accablé d'incertitudes, il demande au gouvernement d'en finir au plus tôt avec la question de l'esclavage.

Il est vrai qu'au lendemain de février 1848, on ne pouvait différer l'émancipation aussi bien pour les maîtres que pour les esclaves. L'indemnité que l'Etat accordait était une mesure qui conciliait les intérêts des deux partis; c'était de la justice et de l'humanité. Et tout ce bruit qui s'était fait en France s'apaisait de lui-même. On ne semble pas se douter de la difficulté et de la fusion des intérêts moraux et matériels des deux races destinées à vivre sur le même sol, des passions qui les irritaient pour se mépriser et se contrarier dans la vie commune.

Il était cependant intéressant de voir comment la transformation s'accomplirait; mais l'esprit public d'alors se frappait bien plus des événements d'Europe que d'une question sociale qui se passait à 1.500 lieues de Paris.

Le temps, qui sait accommoder bien des choses, a permis que l'émancipation pût s'accomplir aussi bien que possible, et que cette masse d'hommes devenus libres ne fussent pas trop enivrés en buvant à la coupe de la liberté. Cependant il y eut bien des ateliers qui furent désorganisés, les noirs se divisant pour vivre à leur fantaisie, et la production du sucre se ressentant de cet abandon, car elle tomba très sensiblement; en 1847 elle était de 40 millions de kilogrammes, en 1848 elle descend à 20 millions, en 1849 à 17 millions et en 1850 à 13 millions; puis peu à peu elle se relève pour reprendre un cours ascensionnel. Les pertes éprouvées par la colonie se chiffrent donc à 70 millions de kilogrammes pendant ces trois années, ce qui forme un déficit montant à environ 60 millions de francs. Il y avait de quoi la ruiner et la dégoûter à tout jamais du travail des noirs et de la métropole; voilà donc ce qu'a produit la libération immédiate pour ce pays. Maintenant il est temps de rendre justice à nos braves colonies qui auraient pu vivre tranquillement du produit de l'indemnité de l'esclavage. Ils n'en firent rien, pensant justement qu'ils avaient des devoirs sociaux à remplir. Leur caractère élevé et résolu ne leur permettant pas de fuir devant une situation troublée par le fait des circonstances ; et comme leurs pères, ils ne reculèrent pas devant les difficultés d'une nouvelle organisation du travail. Pour cela ils tentèrent tous les essais : système à la tâche, métayage, colonage, partage proportionnel, salaire gradué, tout cela fut mis en pratique par ces planteurs courageux qu'on a attaqué si souvent et si injustement à la tribune et dans les journaux du temps. Ils luttèrent pendant des années, accablés de tracas, d'ennuis, pour tâcher d'arriver à des moyens pratiques dans le but d'établir l'ordre et la discipline parmi cette race noire qui n'était pas préparée à la liberté et qui pensait plus à mal faire qu'à bien faire.

Le gouvernement, de son côté, ne reste pas inactif devant cette situation où manque l'argent et les bras, il fait la répartition de l'indemnité et crée des banques de circulation. Les gouverneurs faisaient des tournées pour voir les ateliers de travailleurs noirs, encourageant les uns par des récompenses et stimulant les autres par de bonnes paroles. Pour le manque de bras, on eut recours à l'immigration de travailleurs, la France en fournit peu, la Chine un certain nombre, les côtes d'Afrique et l'Inde davantage. L'Africain est celui qui paraît le mieux réussir, il s'identifie facilement avec la population coloniale. Il n'en est pas de même de l'immigrant indien, qui, s'engageant pour cinq ans, garde l'intention de revoir son pays. Aussi il reste étranger sur notre sol, conservant soigneusement ses habitudes, sa religion, ses mœurs et son argent qu'il enterre pour le retrouver le jour où son engagement sera terminé.

L'important pour nos colonies des Antilles, c'est que les travailleurs n'y manquent pas dans le présent et l'avenir. L'île de la Réunion, étant à la porte de l'Inde, se trouve dans une position favorable pour recruter les siens ; elle peut se passer de protection ; mais on ne pourrait en dire autant de la Guadeloupe et de la Martinique où un courant d'immigrants est indispensable pour entretenir les cultures et les augmenter s'il est possible; car la consommation du sucre s'élève graduellement en France; elle était jadis de 120 millions de kilogrammes, aujourd'hui elle est arrivée à 170 millions. D'ailleurs, en stimulant le travail, c'est le moyen d'arriver à l'aisance, à la richesse et au bonheur; rien de plus sain au moral comme au physique pour les populations que d'être occupées, surtout dans ces climats brûlants, où tout dispose au laisser-aller et à l'inertie.

Géographie de la Guadeloupe[4]

Rappelons quelques caractéristiques de la géographie et des villes de la Guadeloupe depuis sa découverte.

La Guadeloupe, une des petites Antilles qui forment une partie de l'archipel Mexicain, est située à 16° 4' latitude nord, et à 64° 30' longitude ouest méridionale de Paris. Cette île, qui peut avoir trois cent vingt kilomètres de circonférence, est d'une forme très-irrégulière. Un canal peu profond, formé par la mer, appelé rivière Salée, la partage en deux parties inégales nommées, l'une la Grande-Terre, l'autre la Guadeloupe proprement dite ; celle-là n'offre que des monticules et semble à peine dominer la mer ; celle-ci, au contraire, hérissée de montagnes plus ou moins hautes, s'élève majestueusement au-dessus des flots et offre de loin, aux regards surpris du voyageur, le spectacle le plus imposant. La première est habitée sur tous les points ; la dernière ne l'est guère que sur les bords.

On voit sur le globe beaucoup d'îles qui se ressemblent à peu près par leur contour ; telles sont celles de Marie-Galante et de Bornéo, de Sumatra et de Java, etc., etc. ; mais la Guadeloupe ne ressemble, sous ce rapport, qu'à elle-même. Extrêmement resserrée vers son milieu, elle offre là un isthme étroit qui joint les deux parties dont elle est formée, et c'est à l'une des extrémités de cet isthme que se trouve la rivière Salée, dont j'aurai occasion de parler ailleurs.

La Grande-Terre, plus avancée au nord, se dirige, dans le sens de son plus grand diamètre, du nord-ouest au sud-est ; la plus grande longueur de la Guadeloupe

---

[4] Par Félix Longin, dans *Voyage à la Guadeloupe*.

proprement dite est à peu près dans la direction de l'axe de la terre. Celle-ci est un ellipsoïde ; celle-là ne peut se comparer à rien. Les bords de cette île sont très-variés. Ici, c'est un rivage légèrement incliné ; là, des récifs et des rochers stériles. Ici, on ne voit qu'un sable noir, brillant, fin, ferrugineux ; là, un sable blanchâtre ou jaunâtre mêlé de roches plus ou moins grosses.

La Guadeloupe n'a que deux villes, la Pointe-à-Pitre et la Basse-Terre.

La Pointe-à-Pitre est située dans la Grande-Terre, à l'entrée méridionale de la rivière Salée. Son plan est horizontal ; elle est grande, belle et bien peuplée d'indigènes et d'étrangers. Ses rues sont presque toutes tirées au cordeau ; elles sont larges, bien pavées, et ont pour la plupart de faciles trottoirs. Les maisons sont en général bien bâties. Les édifices publics n'ont rien de remarquable. On y a construit, cependant, sous le gouvernement de M. le comte de Lardenay, une assez belle église derrière le morne de la Victoire, qu'on minait alors à dessein d'y faire une place. À l'une des extrémités de la ville est le Cours, promenade assez belle, mais que le voisinage de la mer rend très-malsaine à cause de toutes les immondices que les flots y poussent. Les quais en sont fort beaux et très-commodes pour le chargement et le déchargement des navires qui s'amarrent à terre comme dans nos ports. La rade offre un abri sûr aux bâtiments pendant l'hivernage, et c'est là ou aux Saintes que se retirent les navires français pendant cette saison dangereuse.

La Pointe-à-Pitre est le centre du commerce de la colonie. La grande affluence d'étrangers de toute nation qui abondent dans cette ville en rend le séjour très-malsain. Déjà elle rivalise de richesses et d'affaires avec Saint-Pierre de la Martinique, et il n'y a pas de doute qu'un jour elle ne devienne beaucoup plus florissante.

Il ne manque qu'une chose à cette ville, l'eau. On avait formé le projet de l'y amener du quartier Mahant. On devait faire là, en face la Pointe-à-Pitre, un vaste réservoir qui recevrait l'eau d'un torrent qui descend des montagnes ; des conduits en plomb, traversant la rivière Salée, devaient faire communiquer ce réservoir avec un autre qu'on creuserait sur l'autre rive, et d'où l'eau devait se distribuer dans toutes les rues, au moyen de nombreux canaux. Ce projet était sagement conçu. L'a-t-on réalisé ? Je l'ignore.

La Basse-Terre, séjour du gouvernement, est moins grande, moins peuplée, moins commerçante, mais beaucoup plus saine et beaucoup plus agréable que la Pointe-à-Pitre. Elle est située sur le bord de la mer à l'extrémité de la Guadeloupe proprement dite. Elle est fort allongée dans la direction du nord-ouest au sud-est ; la rivière aux Herbes la partage en deux parties dans la direction approchée du nord au sud. Ces deux parties forment deux paroisses, Saint-François, sur la rive droite, le Mont-Carmel, sur la gauche. Une partie des rues ont des canaux où roule une eau claire, dérivée de la rivière aux Herbes. Cette eau, pourtant, n'est jamais propre, d'abord parce qu'on y jette toutes sortes de saletés, quoique la police le défende ; ensuite, parce qu'à chaque instant du jour, on y baigne des enfants. Cette eau ne se répand pas directement de la rivière dans les canaux ; elle est amenée par des conduits souterrains à un réservoir situé derrière l'église Saint-François, précisément au bas des degrés qui conduisent au presbytère, vulgairement appelé couvent. C'est de ce réservoir qu'elle part pour se distribuer dans la ville. Les maisons sont en général bien bâties ; les rues sont larges, mais très-mal pavées. Les plus remarquables sont : la Grande-rue qui traverse la ville dans toute sa longueur ; les rues de l'Église et du Domaine, parallèles à la première ; la rue du Sable qui les coupe à angles droits ;

enfin la rue des Normands. Cette ville n'a pas de quais : elle n'a qu'une très-petite cale où l'on débarque ordinairement ; ce qui serait bien suffisant si cette cale était un peu plus solidement construite et en même temps d'un plus facile accès. Mais ce qu'on nomme ainsi n'est tout bonnement qu'une très-petite jetée pavée et soutenue du côté de la mer par quelques mauvais piliers de bois.

En 1822, il s'agissait de faire construire des quais. D'habiles ingénieurs, disait-on, en avaient déjà tracé le plan. On pourrait ici se demander le *cui bono* de tant de dépenses : car, la rade étant très-peu profonde, les bâtiments sont obligés de jeter l'ancre au large, et pour les charger ou les décharger, on se sert de gabares, espèces de bateaux plats, larges et ouverts par les deux extrémités, absolument semblables aux bacs que l'on voit sur quelques-unes de nos rivières. Ces gabares se dirigent à la rame et s'approchent aussi près du rivage que l'on veut. On n'a donc qu'à rouler les barils du magasin à ces bateaux ; ainsi l'on sent qu'à moins que ces quais ne fussent en glacis, ils ne pourraient offrir aucune commodité ; et dans ce cas, autant et même mieux vaudrait employer l'argent qu'on y mettrait à faire faire quelque chose de plus utile pour la colonie, à réparer, par exemple, les chemins de l'intérieur, qui dans certains endroits sont impraticables.

Cette cale est l'entrée de la ville pour ceux qui y arrivent par mer. Elle peut avoir soixante-douze mètres de largeur. Le trajet de la cale à la Grande-Rue peut être d'un demi-kilomètre. Il aboutit sur le Cours qui n'est qu'une partie de la Grande-Rue, beaucoup plus large dans cet endroit, et dont le milieu, planté de très-beaux tamarins, offre aux habitants un ombrage délicieux. Aux deux extrémités de cette promenade sont deux fontaines pyramidales, d'où jaillit une très-belle eau bonne à boire et dont on se sert pour les usages domestiques et pour la table.

En suivant la Grande-Rue, vers la rivière, on trouve à gauche, avant que d'arriver au pont, une petite place à l'entrée de laquelle, et sur la Grande-Rue, est encore une fontaine à quatre faces. À l'autre extrémité de cette place, se montre l'église paroissiale et préfectorale de Saint-François dont la façade, est assez belle ; près de cette église est un massif de beaux sabliers, dont l'épais feuillage ombrage un assez vaste terrain qui jadis était l'asile silencieux des morts. Derrière ce massif, et sur une éminence, se fait remarquer un petit clocher construit en 1820, et qui n'a rien de remarquable.

Le pont qui fait communiquer les deux parties de la ville est mal construit, l'architecture en est lourde. À peu de distance de ce pont, sur la paroisse du Mont-Carmel et toujours dans la Grande-Rue, on voit la place du Marché-Neuf, qui est fort belle. C'est un carré long dont le plan, parfaitement horizontal, est borné d'un côté par le mur de la geôle, de l'autre par des maisons particulières ; à l'une des extrémités par la Grande-Rue, à l'autre par le rivage. Ces deux extrémités sont fermées par une belle grille en fer. Presqu'au milieu de cette place est un fort beau tamarin. À quelque distance de là, on voit à gauche le vieux gouvernement ; c'est un palais assez beau, où les gouverneurs faisaient autrefois leur résidence et où sont maintenant les bureaux et les archives du gouvernement ; c'est là aussi que le conseil de guerre tient ses séances et que se donnent les bals et les fêtes publiques. En face de ce palais, dans une petite rue fort rapide qui conduit au champ de Mars ou d'Arbeaux, est une vaste enceinte qui renferme le greffe, la salle du conseil supérieur, érigé en 1820 en cour d'appel et celle du tribunal de première instance et de commerce.

Le reste de la Grande-Rue n'offre plus du côté de la mer que des maisons en ruine ; mais à trois cents mètres environ du vieux gouvernement, on voit encore à gauche un monument digne de nos grandes villes d'Europe. C'est l'hôpital neuf ; il a été construit en 1820 sous le gouvernement de M. le comte de Lardenoy ; situé sur un lieu élevé, au milieu d'un très-grand terrain, il présente tous les avantages possibles pour la salubrité ; il est construit en pierre de taille tirée d'un îlot des Saintes, couvert en tuile. On y peut loger fort à l'aise trois cents malades, au besoin même quatre à cinq cents. Il n'a qu'un étage et le rez-de-chaussée ; il offre trois corps de bâtiments qui se tiennent et laissent entre eux un carré long d'environ quatre mille mètres de surface. Un beau jet d'eau, qui retombe dans un bassin circulaire, occupe le milieu de cet espace qui, du côté de la rue, est fermé par une belle grille en fer. Sur le vestibule opposé à la grille, on lit cette inscription :

Louis XVIII,
Roi de France et de Navarre,
Hôpital militaire de Saint-Louis,

érigé en 1820, sous le gouvernement de son Excellence Antoine-Philippe, comte de Lardenoy, lieutenant général des armées du roi, etc., etc., gouverneur. M. Siméon Roustagneuq, chevalier de Saint-Louis et de la Légion d'honneur, etc., ordonnateur.

Le 10 de juillet 1821, à 5 heures de l'après-midi, M. l'abbé Graff, vice-préfet apostolique, assisté du père Michel, curé de la paroisse du Mont-Carmel, bénit ce monument. Le gouverneur, son état-major, tous les employés, Madame la comtesse de Lardenoy, entourée de ses dames d'honneur, assistaient à cette cérémonie. Dans la cour étaient sous les armes une compagnie de grenadiers et une de voltigeurs. La musique donnait des airs analogues à la circonstance, et pendant ce temps, les sœurs de charité introduisaient les malades dans les salles.

Il était temps qu'on les délogeât, car peu de jours après cette cérémonie, l'ancien hôpital, qui était situé sur un escarpement qui domine la mer, fut renversé par un coup de vent.

Dans la cour de cet hôpital neuf, veillait le plus gros et le plus beau chien de Terre-Neuve que j'aie jamais vu.

Le palais où loge le gouverneur est très-beau et assez vaste ; il est situé sur le champ d'Arbeaux ; il fut construit sous le gouvernement des Anglais ; il est de bois, couvert en essentes. Il est séparé du vieux gouvernement par un parc bien planté, dans lequel est un beau bassin. Le tout est fermé de murs, excepté toute la façade donnant sur le champ de Mars qui l'est par une grille en fer.

La ville est défendue par le fort Saint-Charles et par la batterie Royale et celle des Illois. Le fort Saint-Charles est situé à l'extrémité sud-est de la ville, à l'embouchure de la rivière des Gallions, sur un rocher escarpé ; il est entouré de remparts, et ces remparts sont protégés du côté de la ville par de larges fossés ; il renferme des casernes et une prison. Ce fort domine la ville et la rade ; mais il est dominé au sud-est par la masse énorme du Houëlmont. La batterie Royale, trop malheureusement célèbre par les sanglantes exécutions qu'on y a faites, quand on remit les noirs en esclavage, est située à l'autre extrémité de la ville, sur une éminence voisine du cimetière. La batterie des Illois est située plus loin, sur le chemin de la rivière des Pères ; ces deux batteries n'ont rien de remarquable.

On ne saurait guère faire un pas dans cette ville sans avoir sous les yeux quelques scènes plus ou moins riantes, plus ou moins pittoresques. Mais il n'en est pas qu'on puisse comparer au beau tableau que l'on aperçoit le matin d'un beau jour, de l'extrémité sud du Cours, quand on se tourne vers l'intérieur de l'île. On a devant soi la rue du Sable, qui se dirige en ligne sur une pente rapide. Au haut de cette rue, répond l'habitation Dulion avec ses environs, lieu charmant par sa situation ; derrière, et à une grande élévation, c'est le volcan et quelques autres montagnes qui se développent avec une majesté vraiment frappante. Les premiers rayons du soleil dorent d'abord le sommet de la soufrière, et semblent enflammer la fumée qui s'en échappe par cinq endroits différents, tandis que le reste du tableau est encore dans l'ombre ; bientôt, en s'élevant, ce roi de la nature lance sa lumière sur le centre du paysage et paraît ainsi éloigner les montagnes dont les forêts qui les revêtent restent dans l'ombre ; non, rien n'égale la beauté de cette scène ravissante !

www.ingramcontent.com/pod-product-compliance
Lightning Source LLC
LaVergne TN
LVHW051833080426
835512LV00018B/2845